フィギュール彩 ⑦⓪

DO YOU REMEMBER MR. DAVEY JOHNSON?
KIYOSHI TAKUBO

デーブ・ジョンソンをおぼえてますか？

田窪 潔

figure Sai

彩流社

目次

はじめに

三冠王に輝く実績を持つブーマー・ウェルズ(阪急〜オリックス、他)やランディ・バース(阪神)のように豪打に巧打、チャンスにもめっぽう強く、常に打ちまくっていたという印象があるわけではない。

全身からオーラを漂わせ、三振も多いがそれ以上に見る者のド肝を抜く強烈なホームランを連発したラルフ・ブライアント(近鉄)やオレステス・デストラーデ(西武)のような恐るべきイメージを脳裏に焼きつけられているわけでもない。ホームラン。打点。打率。いずれのタイトルも無縁であった(ただし、守備で来日二年目にダイヤモンドグラブ賞を獲得している)。

あるいはボブ・ホーナー(ヤクルト)、呂明賜(巨人)、セシル・フィルダー(阪神)のように短期集中型、降れば土砂降りのごとく、アウトになるよりホームランを打った数の方が多いのではないかと錯覚させられるほどの炸裂ぶりが今に語り継がれているわけでもない。

実働、日本でプレーしたのはわずか二年間。確かにチームのリーグ優勝に貢献した。しかし同じ程度、またはそれ以上の活躍で優勝に貢献した外国人選手は他にも大勢いる。

ではベクトルが逆向きの、「悪名は無名に勝る」での覚えだろうか。

確かにこれについては新聞・雑誌に格好のトラブルネタを提供したことがある。それも一度ならず二度、三度。とはいえ、それらはいずれも母国と異なる生活習慣、考え方の違いが背景にあったもので、エゴ、ワガママと決めつけられるほど一方的な非があったとは思われない。ひと昔、ふた昔前ならジョー・ペピトーン（ヤクルト）、ケビン・ミッチェル（ダイエー）、記憶に新しいところではブラッド・ペニー（ソフトバンク）といった改めて調査するまでもない、アメリカでの言動、前歴からそうなることを十分に予測できたはずの真のトラブルメーカーといった人間像も当てはまらない。

それではなぜ「懐かしの――」とうたわれるプロ野球外国人選手列伝の企画があると、十把一絡げ、在籍リストを埋めるだけのその他大勢扱いの一人にされず、いつも必ずといっていいほどスペースを割かれ、特筆される対象となるのか。

玉石混淆、幾多の外国人選手が来日するなか、いったい彼の何がここ日本の数多くの野球ファンのあいだに、残した実績以上の印象を植えつけることとなったのか。

デーブ・ジョンソンはここ日本において明らかに記録ではなく、記憶に残る選手としてその名を留めている。

一九四三年生まれのジョンソンは二〇一三年、七十歳という年齢をもってしてワシントン・ナシヨナルズの監督を辞し、野球界の一線から身を引いた(翌年からは同球団の相談役に就任している)。前年の二〇一二年にはチームをワシントン移転後初の地区優勝へと導き、最終年となったこの年も八六勝七六敗とレベルの高い戦績を納め、残念ながらワイルドカード争いで一歩及ばず二年連続でのポストシーズン進出を逃しはしたものの、チーム力強化の責務を全うしてのその退団は「勇退」といっていいだろう。

現役選手生活を終えたあとニューヨーク・メッツ、シンシナティ・レッズ、ボルチモア・オリオールズ、ロサンジェルス・ドジャース、そしてワシントン・ナショナルズと計十七年間渡り歩いた監督としての通算成績は、二四四五試合、一三七二勝、一〇七一敗、勝率五六二。ワールドシリーズ制覇一回を含むポストシーズン進出回数は合計六回にも上った。

刻み込まれた深いしわ。帽子からこぼれる白い髪。かつては大きく見えた身体は若く屈強な選手たちのあいだに入ると痩せぎすで小さく見えた。しかしそこは衰えぬ勝負師魂。監督生活晩年のその姿はまさしく現代のルーク・スカイウォーカーに教えを諭すベースボール騎士団のグランドマスター、ヨーダその人といった感であった。

自明のことながら、巨人軍の背番号5をつけてプレーしたジョンソンを見て知る日本のファンはジョンソンと同じ数の歳月を積み重ねている。

いわゆるこの生き証人、「デーブ・ジョンソン目撃世代」は、おそらく彼が日本にいた昭和五十年、五十一年に小学校低学年であった、著名どころでいえば清原和博、桑田真澄のＫＫコンビと同じ昭和四十二、三年生まれのこの世代がボーダーラインであろう。

時が経つのは早いもの。記録より記憶が先に立つ存在である以上、いずれこのデーブ・ジョンソンを見たことも聞いたこともない世代が大勢を占める日が必ずやってくる。そのとき、ジョンソンの名前は野球専門書の脚注でしか見かけない人知れぬ数行の記号と化すのだろう。

そのどこに不都合があるのかといわれればそれまでだが、しかしだからといってそれで良しとしてしまうのも彼を目撃した世代、あのとき神輿を担いで祭りに参加した国民としてあまりに無責任で冷淡すぎはしないだろうか。

いうまでもなく本書はデーブ・ジョンソンについて書かれたものである。と同時に裏に日本人について書かれたものでもある。なぜならデーブ・ジョンソンを振り返ることとは結果的に日本人を振り返ることになるからだ。改めてデーブ・ジョンソンについて考えることとは結果的に改めて日本人について考えることになるからだ。

昭和から平成へ。二十世紀から二十一世紀へ。時代とともに歩んだあるひとりのアメリカ人野球選手と日本をめぐる波乱万丈の愛憎物語。語られざるもうひとつの日本プロ野球史一大余情絵巻。

おいおい、ずいぶんと大上段に構えるじゃないか。そんな声が聞こえてきそうだ。しかし、そこはあえて大冗談に構えたい。デーブ・ジョンソンと日本はそれだけ永きにわたり同じ時間を共有し続け、それだけ必要以上の深読みさえ可能なまでの間柄になっているということなのだ。

誰かが伝え残さなければならない。根底にあるのはこの思いである。「やってみるのではなく、やるのだ」マスター・ヨーダもそう言っている。

多くの資料、とくに日本でプレーした二年間についてはできる限りその時代にあった気分を写し撮りたく、当時の新聞、雑誌からの引用を頼りにしたが、そこに讀賣新聞、報知新聞(現スポーツ報知)ばかりが目立つのは同属企業、身内であるがゆえの葛藤や心の内の変化が他紙に比べ読者にとって野次馬的に楽しめると判断したからであって、それ以上の他意はない。また引用文によって「デーブ」と「デービー」、「長島」と「長嶋」と表記の違いが出てくるのも掲載元の違いによるものので、もちろん、いずれも同一人物であることをあらかじめここに断っておきたい。

第一章　東京ジャイアンツ

昭和四十年代

土壌の検分なくして実りある収穫は期待できない。まずはアメリカ野球界に身を置くデーブ・ジョンソンが東京読売巨人軍へと移籍するに至った昭和五十（一九七五）年という年の、当時の日本プロ野球界の置かれていた状況について振り返っておこう。

昭和五十年四月二日夜、デーブ・ジョンソンは東京・羽田空港のタラップに降り立った。まさしく舞台の幕はこの瞬間に上がったといえるが、しかしタクトは振られ、前奏曲はすでに奏でられていた。「ジョンソン狂詩曲」はこのとき、その導入部における悪魔的なモチーフの提示を深く静かに響かせていたのである。

洋の東西を問わず、私たちには世のなかで起きた現象、流行を十年単位（decade）にして振り返る歴史観がある。「ローリング・トウェンティ（狂乱の二〇年代）」「六〇年代安保世代」「八〇年代アイドル」などがそれに当たるものだが、同様の例は、昭和十三（一九三八）年の日本職業野球の発足から四分の三世紀を越える日本プロ野球史のなかにもいくつか認めることができる。

その最たるひとつに「昭和四十年代／巨人Ｖ９時代」をあげるのに異論を唱える者はいないだろう。何といってもこのＶ９はリーグ三位でも日本シリーズ制覇が可能な現行制度での偉業ではない。正真正銘、リーグ優勝チームでなければ日本シリーズ出場を果たせない、そうした制度上での九年連続日本一である。三連覇してはじめて「最強」の称号が与えられるとよくいわれるが、このときの巨人はそれを三セット続けて連取したのであるから、これを「最強中の最強」といわずして他に何といおうか。

もっとも一部から、このときのチームには長嶋・王というプロ野球史上最大のスーパースター二人が揃っていたのだから勝って当然との声がなかったわけではない。そこで現役引退後の星野仙一がこの点を突くべく、あるときＶ９監督・川上哲治との対談のなかで「でもＯＮがいれば、誰が監督やったって優勝できたでしょう」と、皮肉めかして水を向けたところ、しかし川上は平然と「そうかもしれんが、しかし九連覇はできんぞ」と切り返し、星野に二の句を継がせなかったという。

当時の巨人はかようなまでの圧倒的な強さを誇っていた。例えるならそれは江戸時代における徳川幕府と地方大名との力関係に等しかった。

とはいえ、いかなる王者にも必ずその座を明け渡す日が訪れる。巨人がその日を迎えたのは昭和四十九（一九七四）年十月十二日のことであった。

この日まで優勝へのマジックを「2」としていた中日ドラゴンズが、地元中日球場での大洋戦ダブルヘッダーに連勝。第二試合、大洋最後のバッター山下大輔が放ったライナーが中日の三塁手、島谷金二のグラブに収まった瞬間、中日のリーグ優勝が決定し、同時にこの試合の結果を待っていた巨人ナインにV10が夢と消えた現実を伝えた。ちなみに、この年の最終的な両チームのゲーム差はゼロ。中日の勝率五割八分八厘、巨人の勝率五割八分七厘という中日の鼻差の逃げ切りだった。

だが、それはそれとして、平成の今、昭和四十九年のプロ野球にあった出来事を振り返るとき、勝者として称えられるべきこの中日ドラゴンズを、さらにその中日を下して日本一に輝いたロッテ・オリオンズを、監督自ら三塁コーチボックスに立って披露したダンスパフォーマンスとあわせて、まず真っ先に思い浮かべる者はどれだけいるだろうか。

もちろん、ロッテ、中日の両球団の当事者、関係者、熱心なファンは、それを当然のこととして語るだろう。しかしそれを除くその他大勢の野球ファンにとって、この年は、「ロッテが勝った」「中日が勝った」というより、「巨人が負けた」という印象のほうが強いのではないだろうか。いや、それ以上に、多くの人びとの記憶に甦るのは「長嶋茂雄の現役引退」という出来事なのではないだろうか。

黄昏どき。秋の訪れを感じさせる後楽園球場。長い影。照明灯の灯がすべて落とされたなか、ひとりスポットライトを浴び、マイク片手にグラウンドに佇む背番号3。燃える男の消えゆく最後の篝火。

わが巨人軍は永久に不滅です――

今でこそこうした引退セレモニーを見ることは珍しくないが、しかし当時はそうではなかった。前代未聞だった。その意味ではこれが先鞭をつけたといっていいだろう。

長嶋を超える選手は今後現れない。したがって、これ以上のドラマチックな引退セレモニーも今後ありえない。人々にそう思わせるほどこの時代を象徴する選手の現役最後の姿は、あまりに強烈で、ひとつの時代の終焉を告げるにあまりに説得力がありすぎた。

新たなる時代の幕開け

昭和四十九年、難攻不落の牙城として君臨していた巨人軍の陥落。球界随一を誇った千両役者の現役引退。そして翌年、カレンダーは新たなる十年のはじまり、昭和五十年代の幕開けを告げる。

このように、偶然とはいえ昭和五十年という年は、暦の上で区切りがいいのと同時に、日本プロ野球界全体を包み込む空気においても、この年を境に新しい何かが始まる予感に満ち満ちた年でもあった。

昨今、当時を振り返る企画などで「一九七〇年代」という「西暦」を用いた野球史観をしばし目にするが、当時は「西暦」よりも「昭和」の年号を日常では優先して使っていたのと、これら野球界に実際にあった出来事の流れを考えれば、この時代はやはり「昭和」の区切りを用いて語られるべきであろう。

それはさておき、実力、人気ともに巨人の一極集中であった勢力地図は分散のかたちを取りはじめ、新しい時代を迎える期待と変化とは、この年からパシフィック・リーグが指名打者制度を採用したのをはじめ、各チームの彩りのなかにも反映された。

広島東洋カープの赤いヘルメット、いわゆる「赤ヘル」が採用されたのもこの年から。すでに大洋ホエールズは前年から、湘南電鉄カラーのオレンジとグリーンを大胆に取り入れたユニフォームを着てプレーしていたが、プロ野球界全体で、カラーテレビの普及に合わせた色彩豊かなユニフォームの着用へと動きだしていた。

巨人も長嶋新監督の誕生を期にユニフォームのデザインを一新。胸の「ＧＩＡＮＴＳ」のロゴを、大リーグ、サンフランシスコ・ジャイアンツの型を模したすっきりとシャープな字体に変更、両袖・両足のラインも太い一本としてアクセントをつけた。本拠地用の地色もホワイトからアイボリーへ。変更はユニフォームに留まらず、ところ変われば気分も変わるということで、春のキャンプ地の宿舎と球場も、近隣ではあるが、それまでの宮崎市内から青島へと移動した。

もちろん、マスコミ各社もこれに呼応、この新生巨人軍の再スタートを煽るべく、また現役を退いたとはいえいまだ健在の長嶋人気に便乗する下心も手伝って、川上監督時代には聞いたこともなかった「長嶋巨人《ジャイアンツ》」なる呼称を創造し、広く一般に定着させた。のちにこの「頭領＋団体名」の呼称は、「トルシエジャパン」「ジーコジャパン」「清宮早稲田」など他のスポーツにも波及し、それが現在の「なでしこジャパン」「侍ジャパン」（シブがき隊のヒット曲「サムライ・ニッポン」は別）といったところにつながるのは言うに及ばず、その他「小室ギャルソン」はともかく、「小泉チルドレン」「安倍自民」といった政界にまで広がりを見せるとは、さすがにこの命名法を最初に考案した「長嶋巨人」の名付け親（詠み人知らず）も想像しえなかったであろう。

なお、フジテレビが『プロ野球ニュース』を放映開始したのもこの年から。今でこそ当たり前に思える、その日に行われたすべての試合の映像を解説付きダイジェストで放映する（それまでパ・リーグの試合などはほとんど結果報告のみ）企画は当時としては画期的で、巨人以外の十一球団への人気拡散にも大きく寄与した点で、これも新時代の到来を告げるにふさわしい象徴的な出来事のひとつであったといえよう。

日本における外国人選手の位置づけ

そうしたなか、このときの野球ファンは「外国人」選手をいったいどのような目で見ていたのだろうか。とかく業界の閉鎖性を指摘される日本プロ野球界。しかし意外にも、外国人選手の登録・登用に関しては、規制は設けても前面排除にまで至った過去はない。広い窓口は設けないが、さりとて閉鎖もしない。この国内産業育成保護、一部規制緩和は日本（というよりもどの国もそうだが）の対外貿易政策の基本であり、たんに野球界もその例外ではないということだ。

戦後混乱期のさなか、昭和二十五（一九五〇）年、日本プロ野球界はそれまでの一リーグ制から二リーグ制へと分裂した。翌二十六年、対日講和条約、日米安全保障条約の調印がなされたこの年の十一月二十四日、プロ野球実行委員会は「外国人選手の登録は一球団三名までとする」との決議をまとめた。これが外国人枠に関する公式な取り決めとなった最初の一歩である。そもそもこうした人数制限を課したのは、複数球団による外国人選手争奪の混乱を避けるためで、裏を返せばこの頃からいかに外国生まれ（主にハワイ生まれの日系二世だったが）の選手が、チームに対して高い貢献度を誇っていたかを伝えているといえなくもない。

以来、支配下、出場選手登録、同時出場などそれぞれ個別に人数制限を設け、しかも年によって変動するという、通り一遍の覚えではとても覚えきれない、非常にややこしい遍歴を繰り返しながら、かくして昭和から平成へ、二十世紀から二十一世紀へと、幾多の選手が彼らにとっての異国の地、極東アジアの国・日本へ活躍の場を求め、太平洋を越え、日本海を渡り、東シナ海を北上してやってきた。

結果を残した選手、残せなかった選手、兄弟で活躍した選手。試合終了直後、勝利の儀式にマウンド上で手刀を切ったあと、駆け寄る捕手に強烈パンチを浴びせかけ、脳震盪寸前にまで至らしめた投手がいた。練習用ヘルメットにプリクラ写真を隙間なく貼り付け、それを誇らしげに自慢していた選手がいた。雨天中断時、ランニングホームラン（最後はヘッドスライディングでホームイン）のパフォーマンスを敢行して、傘をさすスタンドの観客からやんやの喝采を浴び、それを丁寧なお辞儀で返す選手がいた。判定不服の腹いせにマウンドを降りる際、主審に向かってビーンボールを投げつけた投手がいた。グラウンドの外の話題では、ワニが好物だという奇特な選手もいた。良くも悪くも彼らの個性的な言動は、予定調和を好む日本人の意識に思わぬ揺さぶりをかける。

グローバル社会が叫ばれ、国際交流が盛んに行われる現在、かつてに比べ外国人に対して「物怖じしない」人間の割合が飛躍的に伸びた感のあるわが国であるが、その推進力となった背景のひとつには、間接的ながら、こうした来日外国人選手たちの果たしてきた役割は大きいのではないだろうか。直接彼らと接することはなくとも、テレビで、ラジオで、新聞で、彼らの発言や行動を見聞きすることでその距離が縮まったと感じられたり、また人によっては高い授業料を払って通った英会話スクールの講師より、より有益な国際感覚を学ばせてもらった可能性さえあるかもしれない。

それこそほんのひと昔前までは、多くの日本人が外国人と接することに慣れていなかった。「物怖じ」し、文字通り「外国人を見るような目で」外国人を見ていた。外国人を「特別」視することが「普通」だった。

「ワタシニデンワシテクダサイ。ドゾ、ヨロシク」

この単純な「カタカナ日本語」をアメリカの健康器具メーカーの社長がテレビコマーシャルで口にしただけで（背後に折りたたみ式ビーチチェアに似たマシン上で、仰向けになった短パン姿の金髪美人が手足を伸ばし、エビ反りの姿勢から「く」の字の姿勢へと、腹筋・背筋を交互に連続ストレッチさせるデモンストレーションあり）、全国レベルでこの健康器具の話題が沸騰、同社に電話が殺到し、商品はバカ売れした。

「ディス・イズ・ア・ペン」

毎週土曜日の夜八時、当時ドリフターズのメンバーのひとりだった荒井注が流行らせたこのフレーズに、テレビの前に全員集合した子どもたちの多くが触発され、いついかなるときでも外国人(主に白人)と遭遇すれば、「ディス・イズ・ア・ペン」と、自分がペンを手にしていようといまいと、相手が英語圏の人間であろうとなかろうと、何もかもお構いなしに執拗に話しかけては相手を当惑させたのも、当時の「蒼い時」のなせる技だった。

長嶋巨人の不安

V10を逃した昭和四十九年秋のドラフトで巨人は、その年、夏の甲子園大会でベスト4にまで進んだ鹿児島実業のエース、定岡正二を一位で獲得した。見るも爽やか、甘いマスクとスマートな容姿の定岡は多くの女性ファンを引きつけ、次代のエースを背負うに相応しい魅力あふれる逸材として大きな期待がかけられた。長嶋の現役引退でややもすると懸念されたファン離れは、この甲子園のトップアイドルの入団と、当の長嶋本人の監督としての残留とで、巨人に対する注目度は衰えるどころか、反対にヒートアップの様相を呈しはじめる。

そうしたなか、新生巨人軍は昭和五十年二月、春のキャンプ地・宮崎へと旅立った。

傍目には、チームは新たな希望に満ち溢れているかのように見えた。しかし長嶋の抜けたサードはもとより、揃ってユニフォームを脱いだキャッチャー、森昌彦(現・祇晶)とショート、黒江透修の後釜を誰にするのか、それに加えて柴田勲、高田繁、末次利光、土井正三らＶ９戦士、レギュラークラスの相対的な高齢化も懸念された。解決が見込めるのはショートを守る若き河埜和正の成長だけ。それ以外はめどの立たないまま、実際には覇権奪回へ向けて課題山積の船出だった。

だからこそのチーム力強化、戦力の底上げには練習しかない。それが巨人軍の伝統でもある。

ところが、この意気込みは助走前から水を差されるかたちとなった。キャンプ地の宮崎が初日から雨に祟られたのである。

雨、雨、雨……。初日、二日、三日目と、厚い雲に覆われた空から落ちる雨は一向に止む気配を見せなかった。水溜りと泥にまみれたグラウンドの脇で、ウィンドブレーカーにゴム長靴、傘を片手にうらめしそうに空を眺める長嶋の姿を連日カメラが捉えた。まともな練習ができるまでに一週間が経過した。

「あの雨で最初の歯車が狂ったことは事実だね」

エースの堀内恒夫はのちにこう述懐する。それでも、もちろんこの宮崎の天候不順をあらかじめ見越していたわけではないだろうが、チームが第二次キャンプを海の向こうアメリカ、ベロビーチで行う予定を組んでいたのは救いだった。

三月、フロリダの抜ける青空とまぶしく降りそそぐ陽光の下、真っ黒に日焼けた巨人ナインがのびやかにボールを追いかける姿がそこにあった。そしてかの地で巨人は大リーグ相手のオープン戦に三勝一敗と勝ち越し、「ワンちゃんを中心に、どこからでも点が取れるメドがついた」と長嶋が語るほど、宮崎の遅れはアメリカで取り戻したかのように見えた。

ところが、日本に戻ったオープン戦でその頼みの王が右足肉離れを起こし、戦列を離れる事態が発生。開幕出場が危ぶまれ、チームに再び暗雲がたれ込みはじめた。ただでさえN砲の抜けたオーダー。そのうえO砲まで外れるとなると、それでは飛車・角落ちで名人戦に臨む棋士のようなものである。もしこれが他球団なら若手を登用し、経験を積ませながら数年後に勝負をかけるといった構想を描けるが、自ら勝利を義務付ける巨人軍にとってそれは戦う以前からの敗北宣言であり、対外的にも許される行為ではなかった。とにかく、どんなことがあっても、どんなことをしてでも勝たなければならない。巨人軍には結果がすべてなのだ。

とはいえ、チームもこうした予測されうる事態に何も手を打っていなかったわけではない。三月からのベロビーチ・キャンプに帯同していた球団常務の佐伯文雄(ロイ佐伯、ハワイ出身の日系二世)は、同地でのキャンプを打ち上げた後、帰国するナインと行動をともにしなかった。ある特命を受け、そのままアメリカに居残っていたのである。

待ち焦がれた期待

四月五日の開幕戦、三番・高田、四番・末次、先発オーダーにやはり心配された王の名前はなかった。打線の援護が期待できず余計な力が入ったか、先発堀内は大洋打線につかまり、ピッチャーの平松政次にまでホームランを浴びるなど四対八で初戦を落とすと、翌日のダブルヘッダーも第一試合敗戦、第二試合引き分けと勝利をあげることができず、次カード、敵地に乗り込んだ広島戦の初戦ようやく七対〇と快勝、シーズン初勝利を手にした。

ところがそれ以降、連敗はあっても連勝ができず、四月十二日の甲子園球場での阪神戦に一対二で敗れるといよいよ最下位に転落。開幕十試合でなんと二勝六敗二分と、よもやのロケットスタートは逆噴射、長嶋巨人は鮮やかなまでに開幕ダッシュに失敗した。とはいえ、それでもたかだか十試合。このとき「それがどうした」「まだはじまったばかりじゃないか」といった声がなかったわけではない。

しかし、そこは注目度の高いチームの宿命で、そうしたチームは目先の結果だけでシーズンすべてを拡大解釈されると相場が決まっている。当然、チームを預かる最高指揮官もその例外ではなく、わずか一年前まで国民的ヒーローであった長嶋茂雄も幾度となく矢面に立たされた。

青息吐息、一向に調子を上げる気配の見えないチームが苦悩を続けるさなか、その救世主たる新外国人選手獲得への一報が届けられたのは、この最下位転落を目前に控えた四月十一日の朝だった。

巨人　ジョンソンに白羽
四番・攻守の大物内野手
シャープな振りに長島ゾッコン　四年前に来日

毎朝機嫌の悪い思いをしながら満員電車のなかでスポーツ新聞を読む通勤サラリーマンに強壮剤を射ち込むこの報知新聞一面、トップを飾る大見出し。前日、巨人の試合が雨でノーゲームであったのも手伝って破格の巨大文字が駅の購買スタンドに踊った。同じく一般家庭、自営業者向けには報知の兄貴分、讀賣新聞(朝刊)が、スポーツ欄でこうぶちまけた。

巨人の新外国人選手にD・ジョンソン有力　ブレーブスの強打者

紙面の脇に「田淵、平松たたき4・5号　王の居ぬ間、荒稼ぎ」の見出しを追いやるかたちの組版に、同社社内での扱いの軽重が窺える。両紙の記事内容を抜粋要約すると、

フロリダキャンプ終了後もひき続きアメリカに残った佐伯常務からの報告をもとに、巨人軍が、獲得へ密かに交渉を進めてきたアトランタ・ブレーブスの「四番・攻守の大物内野手」デーブ・アレン・ジョンソン選手について、本人を含め、ブレーブス球団との双方とで基本合意。最終決定までにクリアすべき点をいま少し残すものの、交渉は大詰めの段階にあり、すでにジョンソン本人は知人に「オレは東京ジャイアンツに行く」とあいさつ回りをしている。

もちろん、この知らせを受けた長嶋のコメントも同時掲載。「ジョンソンと交渉している報告は、

球団から受けている。私としては、一日も早くいい知らせが届くのを待っている段階だ」とは、さすがファン目線に立てる野球人、長嶋らしい。いかにもはやる気持ちを抑えきれないといった様子が行間からひしひしと伝わる内容である。

二日後の十三日、報知新聞は再び「田淵　劇的サヨナラ6号」の見出しと並べて、あえてその横っ面を張るかのように

ジョンソン　ブ軍四番打者巨人入り
O砲と夢のコンビ　さあ総反撃態勢
26日(後楽園球場対ヤクルト戦)にもデビュー

とブチ抜きツートップ。

「ジョンソンは並みの大リーガーじゃない。実績のある、超一級品だ。彼はきっとやってくれる。決まってほんとうにうれしい。一日も早くきてもらいたい」

十一日に続き十三日にも思わず口にしてしまった長嶋の「早く」というコメントは、その後の顛末を知ったうえではいかにも暗示的と解釈することもできるが、しかし、それをここで指摘するのはやはり公平ではないだろう。それではいかにもあと出しジャンケンのようであるし、なにしろこのときは長嶋に限らず正力オーナーはじめ、球団関係者全員が同じ思いでいたのだから。

そして翌日からは、

早ければ22日出場　巨人入りのD・ジョンソン　佐伯常務帰国（讀賣新聞、十四日）

ジョンソン22日登場　対中日戦
巨人の救世主　3割35ホーマー公約
全試合出場したい　ジョンソンに国際電話
「はっきりしたスケジュールは、あす球団事務所に行かないとわからないが、東京ジャイアンツから早くこいといわれているので、すぐに飛んでいくよ。もう荷物もみんなトランクにつめて用意はできている」「三割以上、ホームランは三五本。かならず約束を果たすよ」「期待していてもらいたいと、ぜひ伝えてほしい。いまは一時間でも早く日本へ飛んで行きたい気持ちでいっぱいだ」（報知新聞、十八日）

巨人期待のジョンソン　あすから出場可能　今夜来日
巨人軍は十九日、セ・リーグへジョンソン内野手の現役選手の登録を届け出、同リーグは直ちに公示した。これで同選手は、きょう二十日に予定通り来日すれば、二十一日の対阪神4回戦（後楽園）から出場できることになった。（讀賣新聞、二十日）

暴走列車の暴走がいつからはじまったのかを特定するのは難しい。しかしこうして改めて並べるとわかりやすいのだが、ここに「早ければ」「可能」といった一応のただし書きはついているものの、デビュー戦が、二十六日、二十二日、二十一日と、日を追うごとに前倒しになっている点は見逃せない。確かにそれはその通りなのだろうが、しかしどうであろう、「今夜来日」即「明日から出場」とは、草野球ならいざ知らず、プロの世界の現実としてそれは本当に可能なことなのだろうか。いずれにせよ、「ジョンソン狂詩曲」のはじまりは、フェイドインというかたちをとりながら、ここにあったと見てもよさそうだ。

憧れの国アメリカと大リーグ

それではこのとき、日本とアメリカの野球のレベル差はどの程度のものと考えられていたのだろうか。それこそ日本のプロ野球は、今日の明日で大リーガーがいきなり飛び入り参加しても十分にやっていける、そんなレベルだったのであろうか。

平成の今、ワールド・ベースボール・クラシック(WBC)をはじめとする国際大会の場で日本がアメリカを破っても、それが「奇跡」とまで称されることはない。まさしく「隔世の感」とはこのことで、さかのぼること明治四十一(一九〇八)年のリーチ・オール・アメリカンの来日からはじまった日米野球の交流史は、大正、昭和の初期と、それこそ「まったく歯が立たない」「大人と子ども」の力量差を詰められないままでいた。徐々に、ようやく変化のきざしを見せはじめたのは昭和

四十年代に入った頃で、このあたりの対戦成績を拾い上げてみると、

昭和四十一年　対ロサンゼルス・ドジャース　八勝九敗一分
昭和四十三年　対セントルイス・カージナルス　五勝一三敗
昭和四十五年　対サンフランシスコ・ジャイアンツ　六勝三敗
昭和四十六年　対ボルチモア・オリオールズ　二勝一二敗四分
昭和四十九年　対ニューヨーク・メッツ　七勝九敗

（勝敗はすべて混成軍を含む日本チーム側から見たもの）


このように年によってはほぼ互角、もしくはそれ以上の結果が目立つようになる。

こうなると「格の違いは認めるが、それでも昔ほどの差はない」と思うのは当然で、正力松太郎が唱えた日本野球の一大スローガン「アメリカに追いつけ、追い越せ」が、もはや荒唐無稽な夢物語や実現不可能な絵空事とは思わなくなるのもまた自然の流れである。

とはいえ、日本人の心にまだアメリカという国を仰ぎ見る思いの強かった一ドル三百六十円の時代である。太平洋戦争敗戦のどん底から「もはや戦後ではない」、東京オリンピック、札幌オリンピック、大阪万国博覧会の開催と、飽くなき経済発展を続けながらも、なお日本にとってアメリカは、経済、社会、文化、日常の生活スタイルのどのひとつを取っても海の向こうの憧れであり、少

しでもその雰囲気に触れようと、まだ東京ディズニーランドがオープンする前の昭和四十六年、マクドナルドの日本第一号店が銀座にオープンするや連日行列のできる大賑わいを見せたのは、その典型的な例だといえる。

よって、いささか倒錯的ではあるが、当時の日米野球を観戦していたファンのなかにはあからさまではないにしても、潜在意識のなかでアメリカ側を応援する向きも多かった。そうした人間の最も理想的なシナリオは接戦の末、最終的にアメリカが勝つというものだが、たとえ日本がコテンパンにやられてしまったとしても、「いやあ、凄い」「さすが、やっぱりホンモノは違う」と、力の違いを見せ付けられてかえって喜ぶ、そんなアメリカ側からすると「日本人とはいったいどうなっているんだ？」といった理解しがたい感想が漏れるのも珍しくなかったのである。

ジョンソン以前の来日外国人選手たち

追いつけ、追い越せと声高に叫ぶ一方、簡単に追いついてはつまらないという矛盾した発想を抱えていた当時。

では、ジョンソンが来日するまでのおよそ十年間、比較する意味で、日本でプレーした主だった外国人選手を少々おさらいしておこう（注記カッコ内はアメリカでの実績）。

まず「大物」と呼ぶにふさわしかったのは、ラリー・ドビー（昭和三十七年中日、二度の本塁打王）、ディック・スチュアート（昭和四十二〜四十三年大洋、年間四十二本塁打）、ゾイロ・ベルサイエス（昭和四十七年広島、アメリカン・リーグMVP）、フランク・ハワード（昭和四十九年太平洋、通算三八二本塁打）、といったあたりになるが、しかし残念ながら彼らは来日の時点ですでに選手生活の晩年を迎えていたため、日本のファンの前に強烈な印象を与えるまでには至らなかった。加えて、もともと日本という国と肌の合わない性格であったか、または人知れぬ致命的な故障をかかえていたかで、スチュアートを除けばいずれも期待をはるかに下回る成績しか残せず日本を去っている。

一方、印象的な活躍を見せたところといえば、ジョー・スタンカ（昭和三十五〜四十年南海、四十一年大洋）、ジーン・バッキー（昭和三十七〜四十三年阪神、四十四年近鉄）、ダリル・スペンサー（昭和三十九〜四十三年、四十六〜四十七年阪急）といった名前がまずあげられる。彼らはアメリカでの実績が乏しく、日本に活躍の場を求めやって来て成功を収めた選手として知られる。また、ジョージ《足長おじさん》アルトマン（昭和四十三〜四十九年東京／ロッテ、五十年阪神）、クリート・ボイヤー（昭和四十七〜五十年大洋）、ウィリー《ウェスタン紋次郎》カークランド（昭和四十三〜四十八年阪神）といった大リーグでの実績もあった選手たちの日本での活躍も、やはり年齢的には峠を越えての来日であったため、全盛期の迫力そのままを日本のファンの前に披露できたわけではなかった。

ざっとこうして見る通り、ジョンソン来日の昭和五十年以前、日本でプレーした外国人選手たちは、アメリカン・ベースボール・ピラミッドの頂上から見れば一段、二段と下がった位地にいたか、または下がる過程にあった選手であったのがほとんどだった。

だが、ジョンソンは違った。

巨人軍が外国人選手を迎え入れるのは昭和三十七年の宮本敏雄以来十三年ぶりのことだった。しかし「外国人登録」とはいえ、その名からわかる通り(エンディ)宮本は、先に入団した(ウォーリー)与那嶺要、広田順、柏枝文治らと同じハワイ生まれの日系二世である。そうではない、いわゆる「青い目」をした外国人となると、戦中戦後に活躍したヴィクトル・スタルヒン(投手。昭和十五年から五年間は「須田博」と名乗る)までさかのぼらなくてはならなくなる。とはいえ、このスタルヒンもロシア生まれながら、幼少時に日本へ移民してきた日本育ちの人間である。

つまりこれはジョンソン入団以前に、出自に「日本」がかかわらない本当の外国生まれの外国育ちの選手が巨人のユニフォームを着てプレーする姿を誰も見たことがなかった事実を物語っている。ジョンソンは実質上、巨人が迎えたはじめての「外国人」選手だったのである。

だが、当のジョンソン本人は、日本に足を踏み入れるのはこの年がはじめてではなかった。先の昭和四十六年の日米野球を十二勝二敗四分と日本チームを子ども扱い、圧倒した最強ボルチモア・オリオールズ来日メンバーのひとりとしてすでに日本の土を踏んだ経験があった。

このとき十五試合に出場、六十打数十五安打、打率二割五分、本塁打二、打点六と成績は格別飛びぬけたものではなかったが、それでもこの最強チームのレギュラーを務めていた印象、その後アトランタ・ブレーブスに移籍してから年間四十三発の本塁打を放った実績、しかも年齢が三十二歳という選手としての円熟期にあると聞けば、来日前から関係者及びファンの期待が膨らむのも無理はない。名前だけでも敵を震え上がらせるに十分あって余りある。

「本当にそんな凄い選手が来るのか?」

松井秀喜がニューヨーク・ヤンキースに入団の際、ニューヨークに与えたとされる激震以上の激震が当時の東京を襲った。大げさではない。このデーブ・ジョンソン巨人入団のニュースは、当時の野球ファンのおよそ八割が巨人ファンだったというところもあるが、それほど衝撃的な出来事だったのである。

熱烈歓迎の来日

「現役バリバリの大物大リーガー」デーブ・ジョンソンは常にこのうたい文句とともに語られた。今では死語と化した聞くも恥ずかしいこのうたい文句に、当時の人間がどれだけ魅入られ、幻惑されたことか。「全開バリバリ」を売りにしたロックンロールバンド「横浜銀蝿」(正式名称:THE CRAZY RIDER 横浜銀蝿 ROLLING SPECIAL)がまだデビューする前(バンドのデビューは昭和五十五年)のことである。

強靭な肉体。漲る活力。圧倒的なスピードとパワー。ケタ違いの破壊力。想像力がかきたてられ、来日前から期待は青天井に上った。

昭和五十年四月二十日夜、デーブ・ジョンソンはいよいよ東京羽田空港の入国ゲートをくぐり、勇躍、その姿を日本に現した。

「少し疲れてはいるが早く野球をやりたい。監督が出ろと言えばいつでもOKだ。七一年に来日して感じたことは、日本の野球は基本に忠実でチームワークがよく、勝つための野球をやっていた、ということだ。ファンも熱狂的だし、日本で野球ができることを名誉だと思っている。チームが勝つためのプレーをするのが第一の目標で個人的なことは二の次だが、三番を打つなら打率三割を目標にしたい。ホームランは十五本から五十本のあいだ。内野はどこを守っても自信はある」

エルヴィス・プレスリーを髣髴させるもみあげに、安岡力也ばりのド派手な柄ものブレザー姿。早速開かれた記者会見では、笑顔で答えるジョンソンの元にその日の試合を終えたばかりの長嶋も駆けつけた(その日、巨人はまたしても敗戦。阪神・江夏に八回までノーヒットに抑えられ、江夏に通算一五〇勝をプレゼント)。

「三、四日練習していないというので、二十一日に練習させてみて、起用法を考えたい。三番でも四番でも打てる打者なので、その時の状態を見て王の前に置くか、あとにするか決めたい。今は一日でも、一試合でも早く出てもらいたいし、調子を出してほしい。本人次第で二十一日にも出てもらうかも知れない」

この日を待ちわびていた長嶋は興奮ぎみに語り、翌二十一日は讀賣新聞も援護射撃、(ジョンソン本人が)「『ジョンソン三番』を報じたスポーツ紙を内ポケットから取り出してウインクしてみせるちゃめっ気ぶりも発揮」と、写真付きでジョンソンのいかにもアメリカ人らしい陽気な性格を読者にアピールした。

もっともここまでの高感度アップ狙いは許されても、同日、兄弟紙報知新聞の「待ってたぞジョンソン」の一面大見出しのもとに報じられた「宿舎のホテルニューオータニ（東京・千代田区紀尾井町）へ向かう車に乗りながらジョンソンはウインクして見せた」と、翌二十二日の「ホテルニューオータニ、二十七階の四七一四号室の主人は早朝から日本語の勉強だ」との記事内容は、滞在先はおろか、そのルームナンバーまでズバリ公にしてしまう限りなくレッドに近いイエローカードもの。さすがにこれは勇み足ではないのかの感は否めず、今ならプライバシーの侵害として問題視される可能性は多分にありそうだ。

なお、このときのジョンソンの受け答えはのちにすべての来日外国人選手にある教訓を残したと伝えられている。同じ巨人の助っ人として昭和五十九年に来日したウォーレン・クロマティ外野手も、しかとこのことを頭に叩き込んで日本にやって来たという。

それは「記者からホームランや打点の目標を聞かれても絶対に具体的な数字を口にするな。とにかくベストを尽くす、チームのために、とだけ言っておけばいい」である。

早められたデビュー

パワーのある選手だ。往年とくらべ守備範囲は狭くなっているが、球さばきは衰えていないと思う。これで巨人も手ごわくなる（広島カープ、ジョー・ルーツ監督）

頭がいいし、野球もよく知っている。本職外だが、三塁も無難にこなすと思う。ホームランは二十五本ぐらいは打つだろう(大洋ホエールズ、クリート・ボイヤー内野手)

オリオールズで五年間一緒にプレーした。彼は非常にスマートで、しかも賢い選手だ。だから日本の野球をすぐに吸収するだろう。打者としては、ボールに絶対手を出さず、パワーがあり、右中間へもホームランを打てる優れた選手だ。長島監督が二塁手の彼をどう使うか知らないが、たとえ三塁に使ったとしても大丈夫、うまくこなすだろう(太平洋クラブライオンズ、ドン・ビュフォード外野手)

「監督が出ろと言えばいつでもOKだ」

単に意気込みを示すだけのつもりの外交辞令が、そのまま字義通りに取られてしまったのはジョンソンにとって不運といわざるをえない。

長距離移動の疲れと時差ぼけを残した来日二日目、午前中、ジョンソンはホテルから大手町の球団本部へと向かい関係者と挨拶を交わすとともにユニフォームの採寸を行う。午後は後楽園球場へと足を運んで巨人ナインと対面、笑顔で交歓親睦会が開かれるや、ここでジョンソンはいきなり「ランニングをする」と言い出し、チームメイトを驚かせた。その日は雨天で試合が中止と決まっていたため、「それなら多摩川へ行ったほうがいい」と急遽、多摩川グラウンドへと移動した夕方午後四時、ジョンソンは雨中のグラウンドを走りはじめた。「汗をかこうと走るあの姿。どうです、みてください。ジョンソンという男は……」同行した長嶋の感心はさらに続く。

午後五時、ジョンソンは王のヘルメットを借り、長嶋のアンダーシャツを着て室内バッティングゲージに入り、今度は打撃練習を開始した。「最後の一回、もう一度」ジョンソンは自分で納得がいかなかったのか、力のこもった打撃練習はこのとき三セットに及んだ。

「疲れていて、思うように速く振れないんだ」と漏らすジョンソンに長嶋は「自分では物足りないというスウィングでも迫力があるのだから驚いた」

翌二十二日、この長嶋のコメントを受け報知新聞は一面大見出しで次のように報じた。

《J砲鋭い動き》

「迫力の打球音！」の惹句と「鋭い角度ではじき返される」「豪快さとシャープさ」といった文言で溢れた記事構成もファンの期待を煽りに煽った。球団もこの迫力に煽られたか、本格的な多摩川での初練習を行ったこの二十二日のうちに、早くもジョンソンの一軍登録手続きが済まされた。あとは加速するだけ。ジョンソンは即座にチームに帯同すべく大急ぎで新幹線に乗り込み東京から名古屋へ高速移動。まさしくホテルでスーツケースを開ける間もない慌しさである。

当初、ジョンソンは「日本の野球に慣れるために、二、三試合はとりあえずベンチで見学を」と聞いていた。ところが、その舌の根も乾かぬうちにビッグサプライズは訪れた。名古屋へ到着したその足で向かったその日の対中日戦、ナイトゲーム。

「ハイ、審判。ピンチヒッター、ジョンソン」

見切り発車も見切り発車、なんと長嶋はジョンソンを代打で起用してしまったのである。

とはいえ、さすがの長嶋もこのときばかりは躊躇したあとがうかがわれる。

それは四対四の同点で迎えた六回表、巨人の攻撃のときだった。二死一塁の場面から八番河埜が中前打を放ち、打順を九番、投手の小川のところにまで回した。一打勝ち越しのチャンス、当然代打を考えるケースである。名古屋球場の場内アナウンス係もそのあたりを察し、しばらく「小川」の名前をコールすることを控えていた。

ところが、なぜか長嶋がベンチから出てこない。仕方ない。しびれを切らしたアナウンス係は「九番ピッチャー小川」を場内にコールした。とここでようやく長嶋がベンチを飛び出し、慌てて主審の福井に代打を告げたのだった。

これを見た中日ベンチも、そっちがそうならこっちはこうだとばかりに、疲れの見えはじめた竹田和史に代えてエースの星野仙一をマウンドに送り込む。

霧雨のなか行われていた試合。星野対ジョンソン。出来すぎた演出ともいえるが、中日ベンチが代打ジョンソンを予期して星野をブルペン待機させていたとは思えない。なにしろジョンソン自身が出場を予期していなかったのだ。中日ベンチがそれを予期できるはずがない。とはいえ、コールを聞いてから投球練習をはじめたのでは星野の肩が間に合わない。ここはジョンソンとは関係なく、いずれ終盤、星野を投入しようとの腹積もりが中日ベンチにはあったのだろう。そこへ、偶然ではあるが、ここぞという見せ場ができたものだから、よし、それならここで、としたのが妥当な解釈ではないだろうか。

ともあれ、前年優勝チームのエース対現在最下位チームの新助っ人外人の初打席というこれ以上ない対決の構図ができあがり、思わず誰もが身を乗り出す場面となったのだけは間違いない。

愛知県名古屋市中区の中日球場は、新幹線名古屋駅から降りてすぐという極めて移動距離の短い場所に立地していた。しかしこの移動距離の短さも、調整不足のジョンソンの強い味方にはならなかった。

初球、星野独特の大げさなフォームから奇妙にゆるい外角の球が来た。スラーダーだった。ジョンソンはピクリとも動かなかった。「ストライク」と球審がコール。ジョンソンは振り返り球審に尋ねた。「ストライクか?」

ジョンソンのこの見逃し方から中日バッテリーは直球狙いを読み取り、あとはフォークボールを三連投。ボール、ストライク、ストライクときて、結局ジョンソンはそのどれにもバットを振ることなく見逃しの三振に倒れた。最後の球を見送り再び「ストライクか?」と確認を入れたあと、踵を返してベンチに戻るその後姿には、さながら借りてきた猫のような静けさが漂っていた。

二日後、同じ中日相手の三連戦での三試合目。

両チーム無得点で迎えた七回表、巨人の二死満塁チャンスの場面にジョンソンは再び代打として登場。しかしこの場面でも中日の先発、鈴木孝政の初球、内角の直球にバットを折られ打球は力ない三塁ゴロ。快音は聞かれず、またしても巨人ファンのため息を誘った。

それでもジョンソンはこのあとそのままサードの守備につき、八回、三遊間に飛んだヒット性の当たりを軽快にさばいて併殺をアシスト、九回にはショートに回るなど守りの面では早々に落ち着いたグラブさばきを見せ、周囲をひと安心させた。

だが、これも実は予定の前倒しで、守りにつくのは翌日に行われる本拠地、後楽園球場のヤクルト戦が最初と聞かされていたいきさつあってのサプライズ指令であった。それを「よし。守りは合格」など褒められたところで、本人には何の慰めにもならないだろう。「まるで十年前、初めてルーキーとしてオリオールズでプレーしたときのような気持ちだ。いや、ぼくの生涯で最も神経質になっていた試合だったようだ」とは、ジョンソンの試合後の弁。これでは、何でもいいからとにかく早く終わってくれと思いながら守っていたとしても誰も責められまい。

打席に立つのも、守りにつくのも、事前準備なしの抜き打ちハプニングショー。ただでさえ異国の時間に身体が追いつかないところに、これでは精神疲労まで拭いきれなくなる。

「ファンの人にはわかってほしい。ボクの気持ちが楽になるには、もう少し時間がかかること。ふだんの生活でも、なるべくナインにとけ込むようやっているのだから……」

不振のチームに伴うプレッシャーは指揮官のタイムテーブルを早めさせ、外国から助けに駆けつけた味方であるはずの仲間にも、息つく暇を与えなかったのである。

劇的サヨナラ一号

三番、サード。はじめて予定通りに起用されたスタメン出場は四月二十六日、後楽園球場での対ヤクルト戦。来日七日目のことだった。

試合のなかった前日練習後、ロッカーから帰りかけるジョンソンに長嶋が風呂場から声をかけた。

「トゥモロウ、スリー・オクロック、コウラクエン！」

「ワカリマス。三時デスネ」

英語で語りかけた日本人指揮官に日本語で答えるアメリカ人。今度ばかりは気持ちの準備はできていた。

しかし、結果は四打席無安打。それでも第四打席は左中間へ大きな当たりを飛ばし、「もしや」とスタンドを沸かせた。試合は王、末次、柴田の三ホーマーが飛び出し七対三で巨人が勝利。それまでほとんどお目にかかることのなかったこの日のチームの快勝ぶりに「これがジョンソン効果」、一部識者のあいだからそんな声が漏れた。

待望の初ヒットが生まれたのは翌二十七日。六回裏この日の第三打席、来日通算では十打席目で、ヤクルト先発の松岡弘から放った連日の「もしや」という鋭い当たりは、この日はそのままレフトフェンスを直撃、二塁打となって後楽園球場に詰め掛けた大勢の巨人ファンを狂喜させた。ついに出た記念すべき来日初安打。この一打で翌日の新聞の見出しは決まりと思われた。ところがそれは嬉しい悲鳴となって、次の打席で書き換えを余儀なくされた。

田淵 快調に9・10号
報知新聞
THE HŌCHI-SHIMBUN
レジャー・芸能
ジョンソン劇的サヨナラ1号
土井殊勲の同点打
ヤクルト 301 000 000 4
巨人 000 003 101X 5
巨人連勝
Wシリーズの興奮
ヘルメット飛ばし ぬれて光る
それいけ！
燃えるチョウさん

報知新聞（1975年4月28日）の記事より

ようやく一本が出て気持ちが楽になったか、勢いづいた第四打席目。試合は四対四の同点で迎えた九回裏巨人の攻撃も二死で走者なし。引き分け濃厚の空気が高まるなか、今度はリリーフ石岡康三の初球スライダーを完璧に捉えたジョンソンの打球はレフトスタンドに向かって一直線。レフトを守る若松勉が一歩も動かない、打った瞬間にそれとわかる大きな当たりはスタンド上段に突き刺さる特大のサヨナラホームランとなった。

名刺代わりの強烈な一発。足早にベンチに引き上げるヤクルトナインを尻目に、巨人のナインは全員ベンチを飛び出しホームプレートを囲んでベースを一周するジョンソンを待ちきれんばかりにお出迎え。興奮の坩堝と化した後楽園球場でレフトスタンドのファンは血まなこになって記念ボールを奪い合い、ネクストバッターズ・サークルからこの一撃を目撃した王は「すごいの一言に尽きる」と、もともと大きな丸い目をさらに大きく丸めた。

「よく打った。やはり勝負強いバッターだなあ。今日の一発がそれを立証したね」長嶋もまた興奮ぎみにいつもよりワンオクターブ上げた声で語れば、「ワールドシリーズに出ているように興奮した。ゾッと寒気がするほど、感激してベースを回った」「ホームランを狙った。ベースを回るとき、チームメイトがダッグアウトから飛び出してきたことだけが目に入った。あとはわからなかった」と、ジョンソンも感情の高ぶりを抑えきれず、その興奮がトランス状態に入っていたことを示した。

これからか、このままか

長島巨人の足を引っ張る？　ジョンソン選手はこの程度(週刊文春、五月七日特大号)
秘話　敗戦に胃が痛くなる毎日……長島監督長男一茂クンの級友が全員一致ジャイアンツ応援を決議！（週刊明星、ゴールデンウィーク五月十一日特大号）

あの歓喜はいったい何だったの？　劇的なサヨナラホームランは反撃の狼煙となるはずだった。ジョンソンにとっても、チームにとっても。これで勢いに乗れる。誰もがそう信じた。信じたかった。だが、狂熱のカーニヴァルは一日限りのものだった。直後チームは四連敗。すぐさま四連勝で取り返すも、再び引き潮に飲み込まれ三連敗。波に乗るかと思えば乗り切れず、乗ったと思えば押し戻される、貯金は溜まらず、溜まるのはフラストレーションばかりだった。

この間、ジョンソンも打率一割五分にも満たない成績で低迷するチームと併走。

「大リーグ時代にもこんな不本意な成績は経験したことがない。何とか期待に応えようとすればするほど、結果が逆に出てしまう。霧のようなモヤモヤしたものがもうひとつ晴れないんだ」

確かに連勝中には〇砲と初のアベックアーチを競演する試合(五月七日対ヤクルト戦)もあった。このときの盛り上がりを見れば、誰もがそこから一斉反撃巻き返しの気運を感じ取った。だが、どうしても気運止まりだった。ライバル阪神のエース江夏豊はジョンソンをこう評した。

「ストライクゾーンが全くつかめていない」

ズレた歯車はなかなか元に戻らない。五月十三日の北陸シリーズ、富山で行われたヤクルト戦ではこんなこともあった。

二対三と一点を追う巨人が八回裏一死一、三塁のチャンスを迎えた。一打同点、長打が出れば逆転のこの場面、マウンドにはヤクルトのエース、先発の松岡弘、対する打席にはジョンソン。

カウント一ボール、一ストライクとなって次の三球目を松岡が投じようとしたとき、突然三塁コーチズボックスにいた須藤が一塁コーチズボックスにいる長嶋に向かって(長嶋はこの時期何とか雰囲気を変えようとベンチではなくコーチズボックスから采配をふるっていた)慌てて何事か合図を送った。

「監督、ジョンソンがサインを見落してます」

長嶋はサインを出し直しプレーが再開。ここで松岡は外角に外れるカーブを投げ、ジョンソンは一旦バットを出したにもかかわらず、なぜか途中で引っ込めボールはそのまま捕手大矢明彦のミットの中へ。飛び出した三塁走者の王が狭殺され、結果としてスクイズ失敗。チャンスはあっけなく潰え、試合もそのまま二対三で巨人は敗れた。

試合後、「バントのサインだった。ボクがしくじった」ジョンソンは自分を責め、「まさか、あそこでジョンソンにスクイズとは。たまたまカーブが大きくはずれたのがラッキーだったよ」松岡は結果オーライだった裏を明かした。

成功失敗はともかく、この作戦を「奇襲」といえば聞こえはいいが、ジョンソンはこの試合の前打席で同じ松岡から三遊間を抜く痛烈なヒットを放っていた。スクイズを命じられた大リーグ四十発男はその夜、食事ものどに通らなかったという。

一方、この作戦には長嶋には長嶋なりの根拠があった。それはジョンソンが「ランナーを置いて打席に立つと極端に打てなくなる」というものだった。確かに前打席のレフト前ヒットのときも走者はいなかった。そう考えれば、後楽園球場での劇的サヨナラ来日初ホームランもソロアーチだった。それまで放った安打の多くが走者なし、もしくはイニングの先頭打者であるのを、過去のデータが明確に物語っていた。したがって翌日、舞台を金沢へと移動させた同じヤクルト相手の試合で

ジョンソンが雪辱のサヨナラホームランをバックスクリーン左横へ叩き込んでも、

J砲サヨナラ3号
国際安全パイの満願
長島監督だけが信じていた（報知新聞、五月十五日）

ジョンソン奮起、サヨナラ3号
ねらっていた一発　好機に打てるようになれば……（讀賣新聞、五月十五日）

後方支援機関紙でありながらチームの勝利に水を差す、屈折した感情を紙面に反映させたのであった。それもこれもこの試合でも、第一打席の安打は二回二死走者なし、第二打席の四回三振の場面は二死走者一、二塁、第三打席の三ゴロは六回二死一、三塁から、そして九回第四打席の本塁打は一死無走者の打席から。偶然か必然か、この試合を見るだけでもその傾向があまりに踏襲されている。

「あそこでは本塁打をねらっていた。思い切り振ったが、打った瞬間はそれほどいい当たりとは思わなかった」

「変化球を打つことには自信を持っていたけど、日本に来て悪いボールにばかり手を出し、すっかり迷ってしまった。だが巨人が勝てないのは僕の責任だと思うと、圧迫感を感じて、ますます悪くなるばかりだった」

本人にも自覚があったのであろう。試合後のインタビューでは無邪気に喜びを表現することなく、「この一打で気持ちが楽になるのかどうかは、まだわからない」など歯切れの悪いコメントに終始し、いったいこの試合のヒーローは誰だったのかと思わせる内心の自信のなさを吐露している。

「神は乗り越えられる人にしか試練を与えない」とはしばしいわれるが、ジョンソンがその選ばれた人であったのか。それとも選ばれるのはいつも対戦相手の投手であって、みながその試練を乗り越えたのか。いずれかは定かではないが、しかしそれにしてもチャンスになるとどうして決まってジョンソンのところに打順が回ってくるのか、それもまた不思議といえば不思議であった。

「野球をはじめてから十四年になるが、こんな精神状態が悪いことはない」

ジョンソンは次第に試合中、いつもベンチの隅にひとり寂しく座るようになる。チームに英語で愚痴をこぼせる外国人は他にいない。孤立はますます深まった。

復調の願い

映画『タワーリング・インフェルノ』が公開されていたこの年の春。奢れる人類への警告を描いたこの作品の寓話性を喧伝すべく、街中いたるところに巨大高層ビルが炎に包まれ燃え盛るさまが描かれたポスターが張り巡らされた。

一方、元祖燃える男率いる巨人軍も四月十二日以来指定席となった最下位の座から必死の逆襲を目指すが、瓦礫の山ならぬ残塁の山を築いては連戦連敗。皮肉にも自らが火の車となって、もっぱらセ・リーグ他五球団の戦いをますますヒートアップさせる引き立て役に甘んじる状態を続けていた。

六月の声を聞く頃には五強一弱、長距離マラソンは折り返し地点を前に一人脱落の様相を呈しはじめた。当然、戦犯探し、火の粉はジョンソンのもとへも飛ぶ。一通りの対戦を終えた時点でのライバルチームのジョンソン評は、

「ストライクゾーンをまだつかみきっていない感じだ。今日はジョンソンを知らなかったことが、いい結果を生んだが、彼は慣れたら打ち出すぜ」(阪神投手・古沢憲一)

「日本の野球に慣れているアルトマンでさえ、セの投手になじむまでには時間がかかったんですからね」(阪神監督・吉田義男)

と慎重であったものが、対戦を重ねるにつれて、

「二十本に一本ヒットが出るかどうかのスイングですよ」(広島投手・佐伯和司)

「あんなバッターに打たれたら恥ですよ。穴だらけだし、あのスイングでは、リトルリーグのピッチャーのタマでも打てませんよ!」(中日投手・星野仙一)

報復を恐れぬプロレスラーばりの挑発的発言へと発展。まさしく後の近鉄バファローズ、加藤哲郎へと受け継がれる魂の源流はここにあり、といったところである。

打てない。あせる。あせる。打てない。この悪循環、負の連鎖に五月半ばにはデストロイヤーが後楽園球場を訪れ、不振のジョンソンを激励。「デーブ、がんばれ！ リラックスだ」「気分転換には同じ言葉で気楽に話し合える相手が必要だろう」「いつでも電話を」と自身の電話番号を書き記したメモを渡した。見るに忍びなしと感じたか、週刊プレイボーイ(六月三日号)までも、

長島さんが泣いて喜ぶ「快」情報　ジャイアンツはそれでも優勝できるというデータ追跡！
夏に強い王選手、3年連続3冠王でチームを牽引　6月に爆発する助っ人ジョンソンの打棒…
etc

との週刊読売のお株を奪うジョンソンならびに巨人を援護射撃するぶち抜き大特集を敢行するも、残念ながらこれも空転、事態に変化を生じさせることはなかった。いつしかジョンソンに代打が送られるようになり、ときにスタメンを外される日も。

とはいえ、これは長嶋がジョンソンを見限ったのではなく、あくまで発奮させるための荒療治といった意味合いが強かった。その証拠に六月初頭のインタビューで長嶋はこう語っている。

「ジョンソンです。打てなかったり、ミスしたりすると頭を抱え込んでるでしょう？ 非常に日本人的な外人です。ジョンソンは、日本の投手のコントロールの良さ、キメ細かなピッチングにあって迷い、自信まで失いかけています。いろいろ考えて、昨日(六月五日雨天中止)の試合には最初

に迷わずに打てるトップを予定していました。足は遅いし、選球眼もそれほどよくありませんが、迷いがふっ切れればと思いまして。広島戦でもトップのジョンソンをテストしてみます。ジョンソンがこのままだとワンちゃんが孤立無援で本当に死んじゃいます。あらゆる意味での方向転換、それも場合によっちゃあと、腹をくくってるのです」

言葉通り長嶋はそれから数試合、ジョンソンをトップバッターとして起用した。起用するほうも必死だったのである。

打棒爆発

期待に応え六月中旬、ジョンソンはようやく「兆し」を見せはじめた。しかしもともと度を越えた期待の大きさゆえ、その期待が病的レベルにまで膨らむのもさしたる時間はかからなかった。

六月十四、十五日と巨人は後楽園での広島戦に連勝するが、いずれもジョンソンは輝きを発するハッスルぶりを見せた。

十四日は四回に左中間二塁打を放ち、読売新聞をしてこの一打に「巨人の3点目に結びついただけでなく、来日以来の最高の鋭いスイングだった」といわせしめ、十五日は、二回に広島先発の外木場から十一試合ぶりの先制ツーランを左翼席へと叩き込む。

「重いバットにかえてから、スイングに鋭さが戻った」

要因はバットにあると本人は分析してみせたが、周りはそうは思わなかった。

「パパのスイングは大リーグで一番速かったのに……」

数日前、アメリカから夫人と三人の息子が来日していた。母国語で気軽に話せる開放感。気分転換によるストレス発散。こうした野球以外の日常がいかに外国人選手のプレーに影響を与えるか、「純血主義」で戦い抜いてきた巨人ナインにとってもはじめて目の当たりにする経験だったに違いない。リラックスしたジョンソンは打棒だけでなく、本来の陽気なアメリカ人気質も取り戻し、途端におしゃべり男に変身した。

あるとき、川崎球場での大洋戦試合後、ジョンソンは駐車場に止めていた自分の車のアンテナが何者かによって曲げられていることに気がついた。

「大洋球団の誰にこの損傷代を請求すればいいんだ?」

強烈なアメリカ南部なまりの英語で通訳の田沼にこう詰問するのも、それがお互いジョークとわかってのこと。またあるとき、それまでの長い髪を切ってサッパリしたときなども、頭をさすりながら「ディス・イズ・ジャイアンツ・スタイル!」とナインの笑いを誘ったこともあった。

好循環に打棒は極まれり。外国人はのせると怖いとはよくいわれるが、ジョンソンもその例外ではなかった。陽気な振舞いはさらに二十一日、中日球場での対中日戦で、初回一死満塁の絶好の好機に、左翼席中段へと一直線に突き刺さる満塁ホームランとなって結実する。

「ヒットか悪くても犠牲フライを打つつもりだった。とにかくファンの声援に何とかしてこたえたかった。打ったのは一球目にファウルしたのとほとんど同じ高めにくる直球。手ごたえは十分だった。満塁ホーマーは十年の大リーグ生活でも4本打っているが、きょうのが一番うれしい」

余韻をかみしめるかのようにゆっくりとベースを一周したジョンソン。だがナインが本当に驚いたのはこのあとだった。ジョンソンはベンチに戻るや、いつもの隅っこの指定席へと行かず、玉座ともいうべき真ん真ん中の位置にどっかりと腰を落ち着けたのである。それだけではない。攻撃がそうなら守りもだ。

同じ試合の五回裏一死一、二塁、守る巨人のピンチの場面に、今度は中日の代打マーチンの打ったファウルフライを追いかけ、フェンスにぶつかりながらダイレクトキャッチするガッツ溢れるプレーを披露。不調時、「少なくともファイトをむき出しにしてくれるといいんだが……」とこぼしていた長嶋に発言の撤回を余儀なくさせた。

ところが、意外にも翌二十二日の讀賣新聞は、初回の満塁弾について「『ショートゴロで併殺か、インフィールドフライってところだろう』記者席で皮肉を込めたささやきがもれた」「期待度ゼロに近いジョンソンをなめきったかのように3球目真中高めの直球を珍しくジョンソンのバットがとらえた」などと限りなく酷評に近い論評で対応。大リーグに追いつけ追い越せの精神に則りボストン・レッドソックスとボストン・グローブ紙との関係に倣ったか、これではほとんど身内とは思えないTスポ(近畿地方ではDスポ)、日刊G、夕刊Fのノリである。

もっとも本人とていい気になっていたわけではなく、ジョンソンは「これで調子が上がるかどうかは五分五分」と石橋を叩くコメントで呼応し、学習したのであろう、日本のマスコミに対する防御線を張る周到さを見せている。なにしろジョンソンは過去にアメリカの大衆誌『エスクワイア』が選ぶアメリカ・プロスポーツ界のインテリに、野球界から選ばれたわずか二人の選手のうちのひとり（もうひとりはニューヨーク・メッツのセオドア外野手）であったのだ。

梅雨に湿る米国産バット

しかし讀賣新聞がどう報じようと、巨人ファンは素直に反応した。

この満貫一発振込み弾を境にジョンソン株は急上昇、直後のオールスターファン投票の中間発表で何とデーブ・ジョンソンの名前は衣笠祥雄（広島）、掛布雅之（阪神）らを抑えていきなり三塁手部門でトップに躍り出たのである。さすがにこれには当人も「なぜ自分が一位になれるんだ」と不思議に思ったが、たまたまこの満塁ホームランが出た試合をＮＨＫテレビが全国放送をしていたと聞いて納得。しかし、それはそれでまた、自分が日本で一番注目を浴びる球団にいることと、日本の巨大メディアの影響力の強さを改めてジョンソンに思い知らせるかたちとなった。

ただ、残念ながらこの好調さは長続きしなかった。運の悪さもあった。この時期、日本列島が全国的に梅雨の季節に入ってしまったのである。まだ屋根付き球場のなかった時代、せっかく調子を上げても雨で中止となっては力の発揮のしようがない。じめじめとした鬱陶しい毎日は、ただでさえ日本の生活リズムに慣れない来日一年目の外国人の体調管理を必然的に難しくしてしまう。

加えて食事の問題もあった。ジョンソンはまだ日本の食事に慣れていなかった。そうしたことから大阪へ遠征したあるときなどは、宿舎の芦屋竹園旅館（ここは巨人の定宿だった）で自炊を試みたこともある。エプロンをつけてジョンソンは自ら調理場に入り、数百グラムのひき肉を器用な手つきでこねて焼き、パンに挟んでハンバーガーにして食べた。およそ大リーガーらしからぬこの裏技にチームメイトがあっけにとられた。

しかしこの努力も、梅雨のあいだの快打に結びつけるまでには十分ではなかった。結論からいえば、ジョンソンはここから再び調子を落とした。

雨で二試合が流れたあとの六月二十六日阪神戦。初回二死ながら満塁という再び訪れた、駒田徳広入団前の「元祖満塁男」命名の絶好のチャンスの場面に、当たりは悪くなかったがショートゴロで逸機。「雨続きのあいだにまた振りが鈍くなったな」福田バッティングコーチを嘆かせた。

不規則な試合消化で体調のリズムがつかめないうえ、このときチームの遠征手段はすべて列車移動。アメリカほどの移動距離ではないにしても、日本人サイズの座席は（グリーン車ですら）ジョンソンの大きな身体には窮屈なところがあり、車中での睡眠がなかなかとれず疲れも溜まる一方だった。さっぱり聞かれなくなった快音に、監督も、ジョンソンをどこまで我慢して使い続けるべきかの再考に迫られた。

カレンダーがめくられた七月、長嶋はついに踏み切った。ジョンソンに対して、送りバントのサイン、途中交替、スタメン落ちすら厭わない旨を宣言し、それをその通りに実行してみせた。

「もう今までのような《甘え》は許さない。調子の悪い選手は、どんどんベンチへ下げ、元気なプレーヤーを起用していく。ジョンソンを代えたのもあのまま起用していたのでは、ナインの士気に影響すると思ったからだ。富田なども、これから出番が多くなるだろう」

もっともこのとき、思い切って一軍登録から末梢し、多摩川で再調整をさせたのちにまた戻すという案もないわけではなかった。しかしそれをしようとしても、代わりに上げる有望な若手がこのとき二軍にいなかった。そんなこんなで時間だけがいたずらに過ぎていき、野球界はやがてオールスターゲームの季節へと近づいていった。

「オールスター休みのあいだに、ウチはガンガンやります」(長嶋)。結局、ジョンソンは二軍に落とさず、再調整はこのオールスター期間の徹底練習でまかなおうという計画に落ち着いた。だが、これも結果的にはあだとなった。中途半端な使い方は、ジョンソンのリズムをますます狂わせるばかりだった。八打席連続三振の日本新記録(当時。のちに二選手がタイで並ぶが現在は二〇〇六／平成十八年、楽天・鉄平が記録した九打席連続が記録)を樹立したのはこのときである(注記▼七月九日対ヤクルト戦三打席目から、あいだにオールスター休みを挟んだ七月二十六日同じく対ヤクルト戦一打席目まで。八打席連続といっても代打一打席のみの出場という試合も数試合含まれているので、指摘がなければその連続に気づく者は少なかった)。

かなぐり捨てた大リーガーのプライド

話題の人物誌『いますぐジョンソンと交替させたい』

原辰徳　東海大相模高校17歳の周辺（週刊ポスト、八月八日号）

全調査　話題の助っ人ピン（マルカーノ）からキリ（ジョンソン）まで

ああ1億円カモネのジョンソン(*)（週刊ベースボール）

（＊）「鴨がネギを背負ってくる」と、当時のベストセラー小説、リチャード・バック「カメモのジョナサン」とをかけたもの。別号には「カモのジョンソン」との呼び名もあり）

夢の球宴ファン投票セ・リーグ三塁手部門は最終的に衣笠祥雄（広島）が当選を果たし、ジョンソンは三位（二位は阪神・掛布雅之）で、順当といえば順当の結果に終わった。

シーズン半ばのペナントレース折り返し時点でジョンソンは五二試合出場、一七八打数三五安打打率一割九分七厘、本塁打七、打点二五。

巨人の戦績は六八試合　二五勝三九敗四分　勝率三割九分一厘。五位大洋に二・五差、一位阪神とはなんと十一ゲーム差の六位（最下位）というありさまだった。

《誰が予想したか、このていたらく》

週刊ポストが煽動的な特集記事を組むのはいつの時代でもことさら特筆すべきものではない。しかし週刊ベースボールはどうだろう。巨人に負けず劣らず業界老舗を自負する専門誌でありながら、この右の見出しとその記事内容はニューヨークのメディアが松井秀喜を「ゴロキング」と揶揄したレベルを遥かに陵駕している。

来日した時の記者会見では「打率3割。ホームランは15本から50本。守備も三塁オーケー」と豪語したが、そのどれを取ってもとんでもない《うそ》に終わろうとしている。

「ブレーブスでは私が三番。アーロンが四番を打ったが、ジャイアンツではアーロンとホームラン競争をしたオー(王)とクリーンアップを打って、優勝に貢献したい」

ジョンソンはこう公約して長島監督や巨人ファンをゾクゾクするほど喜ばせた。長島監督よ、この録音テープを後半戦前にボリュームいっぱいにして聞かせてやってはいかがか。そうでもしなければ後半戦へのショック療法にはならないだろう。

ニューヨーク、ボストンのマスコミが日本のそれに比べて辛口、辛辣だとの認識はこれを機に改めなければならない。他にも次のような「フォームの問題じゃない。自分自身の問題さ。オレはバッティング・ピッチャーのタマを打つよりケージに入ってマシンのタマを打った方がいい。マシンはあれこれ口うるさく物をいわないから、よっぽど好きさ。オレはいまひとりで、大リーグ時代の自分を思いおこしているところさ」

バッティング練習中、長嶋監督、福田バッティングコーチからアドバイスを受けたジョンソンが逆ギレを起こしたというエピソードを紹介し、最後それについて「呆れ返るではないか」と結んでいる。

オールスターゲームに出場する堀内、王、高田、末次（いずれもファン投票による選出）を除く残りのナインは、監督の予告通り、多摩川で「ミニキャンプ」という名の真夏の猛特訓に精を出した（前半戦、本塁打リーグ四位タイ、打率ベストテン八位の王はともかくとして、六勝十三敗の堀内、打撃ベスト20にも入っていなかった高田、末次が選ばれたのは、ジョンソンではないが「なぜ自分が?」の思いであっただろう）。

大リーグで経験したことのないシーズン半ばにおける泥まみれの猛練習。いきなり百メートルダッシュを繰り返すそのメニューに、ジョンソンはあえなく初日からダウンした。だが、バッティング練習となると右へ左へと快打を飛ばし、「完全とまではいかないけれど、何かをつかんだ感じ。前半戦みたいな極端なスランプはもうないだろう」と復調への手ごたえを感じさせる動きを見せた。

単純に与えられた練習をこなしただけではない。キャンプ終盤、夕刻練習を終えて帰宅したあとバッティングコーチの福田を自宅に招き「プライベートな時間に申し訳ないんだが……」と、アトランタ時代に撮影した自分のバッティングフォームのフィルムを見てもらいアドバイスを求めるなど、ここにはもう「大リーガーのプライドが……」といった批判を受ける要素は見当たらなかった。

スコアラーからもらったデータで熱心に日本の投手のクセや配球を研究する。テレビ局（日本テレビ）まで足を運び、オリオールズの一員として来日したときのＶＴＲを見て当時のフォームをチェックする。「気分が良くなるぞ」須藤コーチの勧めで、それまで恐れていた鍼療法にも果敢に挑み、両ヒザに鍼を打つ。できることは何でもやった。「金さえもらえばそれでいいじゃないか」そんな言葉を吐く他球団のさる外国人選手と違って、何とか現状を打破しようと必死になった。

ときにはその必死さがこんなことをも――

「トスバッティングをしたいんだ。トスしてくれないかな?」

後半戦に入った七月三十日、広島球場での対広島戦。試合前、ゲージに入ってのバッティング練習を終えたジョンソンは同僚の柴田にそう声をかけ、二人はバックネットの前まで歩いた。腰を落とした柴田がボールを軽くトスする。ジョンソンがそれを打ち返す。ところが、この打ち返した打球が運悪く、シートを張り支えている金棒に当たって跳ね返り柴田のアゴを直撃。柴田は急いでベンチに戻り、冷やしタオルを患部にあてて応急措置を施した。「大丈夫、大丈夫」柴田は気丈に答えたものの、いざバットを持ってスイングすると歯をかみ締めることができず、結局その夜の試合出場を見送ることになってしまった。

ところが、その代役で出た柳田俊郎（真弘）が打つは、走るは、守るはでその試合の勝利に貢献する大活躍、果たしてジョンソンはその日の「影の立役者」と試合終了後、チームメイトから背中を叩かれるのであった。

アンブレラ・スタイル

超大型特別企画　高校野球　記事とグラビア90ページ　いっちゃワルイけどジョンソンよりスゴイ実力と人気　東海大相模高の原クン（週刊読売、八月一六日増大号）

留まるところを知らない同族メディアからの内部圧力に屈することなく、ジョンソンの精進はようやく夏の盛りに結果となって現れはじめる。

七月三十一日の広島戦から八月三日甲子園球場の阪神戦まで、四試合で本塁打二、打率四割一分二厘とついに本領発揮のきざし。とくに最後の三日阪神戦は一対〇、両チーム唯一の得点となる決勝点、値千金の九号決勝本塁打を叩き出した。打てなければ打てないでその原因を探られ、打てば打ったでまたその原因を探られ、人気球団の主砲はとかくあれこれ何でも詮索される宿命にあるが、このときのジョンソン猛打の背景には、チームメイトの王のアドバイスがあったと伝えられた。

ある日の試合前、ベンチで王とバッティング談義をしたときのこと。「バットを握ったときのこぶしの位置はどのあたりにもってくるのが適当か」と質問したジョンソンに王が教えた答えが「アンブレラ・スタイル」。

右手で傘を持ったときの握りこぶしの高さが、バットのそれと同じであるという論理だ。

ジョンソンは一瞬怪訝そうな顔をして右腕をグッと伸ばす格好をしてみせたが、王が「アメリカでは傘をさすとき、腕をそんなに前に出すのか。日本じゃ腕をくの字に曲げてさすんだぜ」と言って代わって手本を示してみせると、ジョンソンはそれを見て納得したように何度もうなずき、何かしらのヒントをつかんだのであった。

もちろん、このエピソードを報じたのは讀賣新聞。八月五日朝刊コラム「プロ野球今節の話題」での紹介は、タイトル「いい感じJ砲　O砲忠告、開眼《雨がさ》打法で」で筆致も軽やか。ジョンソン本人は相変わらず「まだまだ完璧とはいえないよ」とマスコミへの警戒心を怠らないが、記事はそれでも「まだまだ本調子を判断するのは早過ぎるだろう。しかし不調のときとは比べものにならないくらいスイングが鋭くなってるから、上昇ムードであることは確か」と、これまでになかった「皮肉なし」「嫌味なし」の内容でまとめられている。

このとき長嶋は長嶋で同じようにそれまでいろいろなところで「虚人軍」だの「苦汁(90)の背番号」だの中傷記事を散々書かれていただけに、遅ればせながら射してきたこの光明に「後半戦になって、ようやく虚砲ではなく巨砲ぶりを発揮してくれました」と含み笑いを浮かべ(この同音意義語を記者がどうやって聞き分けたのかは不明)、王も「ようやく当たりが出だしたね」と、ほっとした様子で目を細めるなど、巨人の巻き返しムードはいよいよ高まりを見せるのであった。

無念の戦線離脱

それにしてもどこまで試練を与えれば神もお気が済むのか。科学の力はここまで強く作用・反作用の力学を働かせるのか。ホップ、ステップときて次のジャンプへとジョンソンが踏み台を蹴り上がろうとするとき、いつも必ずその足をはっしと掴んで引き戻そうとする、見えない魔の手が伸びてくるのはなぜなのか。まずはお騒がせ、球団批判スッパ抜き問題がケチのつきはじめだった。

酷暑の夏をお騒がせします　ヤケクソ！　米紙に不満をブチまけて長島監督を怒らせたジョンソン（週刊大衆、八月十四日号）

前年まで在籍していた米国ブレーブスのお膝元、アトランタの新聞記者がジョンソンに行った国際電話インタビューをもとに記事化したもので、この内容がアメリカ国内ではなく日本で物議を醸し出した。

いわく「ちょっと打てないとすぐ交代させられて満足に打てやしない」「通訳が下手クソでロクに話も出来ない」「物価は高いし生活環境がよくない」「オレは巨人と二年契約して後悔している」などなど。

日本の記者に釈明を求められた本人は「ノーコメント」を貫きながら「しゃべったニュアンスがゆがめられて書かれているところがある」と言葉少なに語り、長嶋も「マスコミというのは、だいたいこんなふうに書くものじゃないですか」と一笑に伏す構えを見せ、とりあえずこの問題は、表面的にはことなきを得た。ちなみに、このことについては翌シーズン、ジョンソン自身の口から改めて釈明、これが色めがねの記事であったことが語られている。

開幕前、ある雑誌の企画でチームＯＢの森と対談したなか、森からそのことを突っ込まれたジョンソンはこう答えている。

「調子はどうだいというから非常にだめだと、で、気分はどうだというから気分は最低だといった。調子が悪いから最低で、いま一割八分しか打っていなくてどうのこうの……。それでどうしたんだというから、まあ日本という国も違うし、言葉も違うし、いろいろな問題もそこにあるし、ですから、自分は非常に気が重いといったら、向こうは逆に、こういう問題があるからジョンソンは一割八分しか打ってないで気分がすぐれないという書き方をされて、それで……」

それともうひとつ、むしろ深刻だったのはこちらのほうだった。八月六日の大洋戦、竹内投手から受けた強烈なデッドボールが波に乗るジョンソンの足元を瞬く間にすくった。左肩甲骨亀裂骨折、全治二週間の負傷。ジョンソンの炸裂ぶりと軌を一にするチームも八月に入って四勝一敗と、「さあ、いくぞ」の戦闘モードが高まっていただけに、ここでのジョンソンの戦線離脱は痛かった。

ほとんど一カ月後となった九月四日の後楽園球場での大洋戦からジョンソンは試合に戻ってくるが、その間チームは五連敗を含む八勝十一敗一分と、早すぎる秋の風はいよいよ「終わりのはじまり」を告るのであった。讀賣新聞も囲み記事についに終戦宣言に等しい「優勝への壁になれ」（八月二十日）との屈辱の文字を書かざるをえず、首位いじめだけが今年に残された最後の目標と檄を飛ばすしかなかった。

七月、短期間ではあったが、週刊文春で連載していた「覆面作家」という名の著者による真相小説「巨人軍はまた勝った！」も、果たして同一人物なのかどうか、同じ「覆面作家」と名のる者の手による小説が、今度は週刊大衆（九月十一日号）に「長島ジャイアンツはもう勝たない」と微妙にタイトル変更して再登場、あきらめの悪い巨人ファンに向けて引導を渡すかたちとなった。

ダメかジョンソン

プロ野球終盤戦五つの話題　巨人あと34勝1敗で優勝！　チカレタビィ数学的研究
（週刊読売、九月十三日号）

史上最低巨人軍再建策研究　長島監督よ、王選手《放出》がいちばんの手だ　8月末、正力オーナーと長島との秘密会談で再建策が練られたというが
（週刊ポスト、九月十二日号）

特別寄稿　五味康祐
熱烈ファン、五味一刀斉が痛恨こめて書き下ろしたジャイアンツ㊙ＩＦ物語　①もし田淵が巨人に入団してたら…②もし長島が現役プレーヤーとして出場していたら…③もし助っ人アーロンを獲得していたら…④もし牧野コーチがコーチス・ボックスに立っていたら…

（週刊プレイボーイ、九月二十三日号）

絶望的な数字を目の前にすると、えてしてファンは平気で非現実的なことを口にするようになる。誰もが与えられた環境のなかで徹底的に人生を楽しもうと必死になった。残念ながら、復帰してきたジョンソンに離脱直前に見せた輝きは戻らなかった。

約一カ月、二十一試合ぶりの復帰となった九月四日の大洋戦の五回裏、大きな拍手に迎えられたジョンソンの登場は代打だった。しかしあえなく空振りの三振。そのまま富田に代わってサードの守備につき、続いて迎えた二打席目も三振。このとき相手の大洋も優勝戦線から脱落していたとあって、両チームが消化試合の色濃いなかで戦っていた。それでも試合そのものは一点を争う好ゲームとなって迎えた九回裏、巨人最後の攻撃で見せ場がやってきた。二死から淡口のタイムリーヒットが出て巨人は二対三と一点差に詰め寄り、なおランナーを二塁に残す一打同点のチャンスの場面に、打席に迎えるはここまで連続三振のジョンソン。

「淡口、ジョンソンに回してくれ！」

淡口の打席のときから、スタンドに悲痛な叫び声が響きわたっていた。穢れなき熱心な少年ファンのものだった。しかしこのとき、ウェイティングサークルで出番を待つジョンソンがベンチを振り返えると、そこにバットケースからバットを引き抜く柳田の姿があるのを目撃する。

「監督《ボス》、ボクの代打に柳田《ヤナ》か？」ジョンソンが不安げに長嶋に目を向けた。

だが長嶋はきっぱりと言い切った。「ノーだ」

長嶋は試合の状況から、終盤、一発が勝負を決めるとにらんでいた。代打に出したジョンソンをそのまま守備につかせたのは、まさしくこうした場面を予測しての起用だった。もちろんそれだけではない。ここで一発打てばまた気持ちがふっきれる。ジョンソンの精神的重圧が開放される。長嶋はそう考えていた。

試合前、ジョンソンは語った。

「(肩に受けた死球は)九〇パーセントまで大丈夫」「それよりボクは決心したんだ。いままでみたいに三振して気を滅入らせるようなことはもうない」。

監督と選手、両者の思いは同じだった。

しかし野球は相手あってのスポーツ。大洋の投手とて自分の生活がかかっている。気持ち先行の結果は裏目に出た。ジョンソンの打球は平凡なゴロとなってショートの前へ、ショートがそれを難なく捕って一塁へ送球。「ああ！　ダメか、ジョンソン」少年ファンは頭をかかえ天を仰ぎ(想像)、スタンドには大波のようなため息が漏れた。

最下位でも満員のスタンド

巨人軍再建策研究《王選手放出》記事に読者から大反論《不滅のジャイアンツ、長島名監督》

に「長島監督こそ3年間ワラジをはけ！　巨人軍はその路銀を払え」

（週刊ポスト、九月二十六日号）

このジョンソン復帰戦に端を発し、その後巨人は怒涛の十一連敗（一引き分け挟む）。二連勝後、再び倍返しの四連敗。

相変わらず差しまくる一般大衆誌に抗しきれず、報知新聞もついに九月の声を聞くと同時に、いわゆるひとつの内務調査班報告書とでも形容すべきコラム「巨人改造プラン」を連載開始した。最後まで優勝争いのデッドヒートを繰り広げていた昨年と打って変わり、いやそれどころか近年類を見ないチームのこの不甲斐なさに、見出しにもこのうえない手厳しい言葉が寄せらた。

《監督像》の確立を　考えわからぬ選手　怒り空転、迷える一年生（九月三日）

ベンチ総動員　《燃えるさい配》の弱点　先読まず突撃　ブレーキきかぬコーチ陣（九月四日）

来シーズンに向けて早々に課題を洗いざらい検証しなければならなかったのは、「激ペン」記者ならずとも内心穏やではいられなかったのであろう。

一方ペナントレース、セントラル・リーグの優勝争いはどうであったのかというと、当初の五強一弱からまず大洋が脱落、続いてヤクルトの息が切れ、終盤戦の秋まで残ったのは広島、阪神、中日の三球団、三強三つ巴の状態となっていた。最下位チームは置いてきぼり。それでも雑誌は休刊できない。週刊読売は屈辱の特集企画につらい思いを滲ませた。

ウチが勝つ！　プロ野球メッタメタ激突座談会　広島・阪神・中日熱血ファン代表　ヨミウリはツライのだ！　巨人ファン欠席！

（週刊読売、十月四日特大号）

振り返れば四月十二日の最下位転落以来、巨人は一度たりとも順位を上げることができず、球団史上初となる最下位も確定。事態が尋常でないのは誰もが認めていた。優勝を逃したとはいえ、昨シーズンはそれでも一位とゲーム差なしの二位。しかもその前は不滅の九年連続日本一の栄誉に輝いていたのだ。

ところが、この年の巨人には、これまた尋常ならざる不思議な現象が起きていた。どういうわけか、後楽園球場の観客動員数が上昇の一途をたどっていたのである。負ければ負けるほど客が増える。ＪＲ水道橋駅、地下鉄丸の内線後楽園駅周辺は試合のある日、連日ごったがえす賑わいを見せていた。後楽園球場三塁側スタンド下にある球場販売部でも、驚異的な数字がはじき出された。ビール、コーラ、弁当など球場売店の総売り上げ収入が、強かった前年に比べておよそ三割アップ。販売部長も驚きを隠せない。

「去年までは試合の決着がつくと、潮が引くようにみんな家路を急いだものです。ところが今年は最後まで帰ろうとしない。どんな大差で負けていても声援を送っている。異常心理としか解釈のしようがありません」

まだシーズンを一カ月近く残す九月初旬までの満員札止め回数は二十一回（前年同期では十三回）。同じく球場部の副支配人はこうも指摘する。「ウチにくる投書の内容がガラッと変わりました。こうしろ、ああしろと作戦面を書いてくるのが目立って多くなってきた。グラウンドとスタンドの垣根が取り払われたような、そんな感じがします」。さらには女性ファンの増加も顕著だといい、それについては「苦しむ90番が女性の母性本能を刺激しているのでは……」とも。

「私は長島と同じ世代だ。会社で上司と部下の板ばさみにあっている世代。同じように長島が泥にまみれている。つい球場に行きたくなっちゃうんだよ」とは外野席に小学生の子どもを連れて訪れたサラリーマンの父親。

何とかしなければといてもたってもいられず、「長島巨人を励ます緊急大集会」を開催するファンもいた。著名人では野末陳平が、週刊読売（八月二日号）誌上にて、「オレはアンチ巨人から巨人ファンに寝返ったゾ！」と掟破りの改宗宣言。テレビ視聴率（日本テレビ）も巨人戦の中継が前年の一七パーセント平均から二二パーセントへとアップする異常現象を見せた。

球場の内外で誰もがこぞって、「こうなったら今年の長嶋巨人の行く末を最後まで見届けてやろうじゃないか」とばかりに一蓮托生、総動員態勢が敷かれたような日本列島と化したのである。

かつて名将・三原脩は言った。「プロ野球チームの理想は、弱くて人気のあることです」

ノー、サヨナラ　シー、アゲイン

日本の言葉ではじめがよければ終わりよし、はじめが悪ければ終わりが悪いということわざがあるけれど、自分が最初に飛行機から降りて、それでほんのちょっとですぐ試合に出て、アッという間にストライクが三つ通り過ぎるのをただボーッと見ていただけだった。それが結局最初にそうだったから、終わりも同じように、シーズンもそういうふうにアッという間に終わってしまった。——デーブ・ジョンソン

結局、ジョンソンは最後まで日本のファンを満足させることなくこの年を終えた。十月、四試合で三ホーマーも「何を今さら」だった。

それでも契約は二年。来年もある、来年こそと期待する首脳陣は、ジョンソンの性格が考え過ぎて落ち込むタイプと見て取り、それなら考える暇を与えなければどうだとばかりに十月のある日、昼間は多摩川で二軍の試合、夜は後楽園で一軍の試合出場という「劇団ひとり」ならぬ「激弾ひとり」変則ダブルヘッダーの強行スケジュールを課したこともあった。

当然、本人に内心面白くないところはあっただろうが、それでも不満の意をあらわにしなかったところ、我慢したところは、反対の立場になったときに誰もが見習わなければならない人間性であろう。

残り試合も少なくなったある日の夜には、アトランタ時代のビデオを手に長嶋の自宅を訪れたこともあった。「これを見て欠点を言ってくれ」

二人は応接間に向かい合わせで座り、フィルムを見ながら夜を徹して語り合った。

「デービー、君には五つのチェックポイントがある」長嶋はバッティングフォームでいくつか気になる点を指摘したあと、やおらジョンソンの胸を指差し、語気を強めて言った。「だが最大の欠点はそこだ。ガッツがまったく見られない。このフィルムにはガッツがある」技術より精神だ。気持ちの問題だ。

「ロジャー（ヤクルト）はボクのことをクレイジーという。お金さえ貰えればいいじゃないかと。でもボクにはそれはできない。お金はフロリダに帰るといっぱい持っている。お金のために日本に来たんじゃない」

「オーケー、君の気持ちをオレは知っている。しかしデービー、これからどう考えているんだ」

「ペナントレースが終わったら一日も早くアメリカに帰りたい。そしてしばらくは何も考えずに休もうと思っている。ボクがトレーニングを開始するのはそれからにしようと思う。家の近くを走って走って、走りまくるつもりだよ」

「オーケー、オーケー」

「来年はちゃんと体づくりをして、早めに日本に来る」

「オーケー、オーケー」

ここで、なんだよロジャー、お前はそんなつもりでやってたのかよ、というヤクルトファンから聞こえてきそうな嘆きはさておき、長嶋の英語、ジョンソンの日本語でさすがにここまでの意思疎通ができたとは考え難い。したがってここに長嶋夫人、亜希子さんの絶大なる尽力のあったであろうところは伝えておかなければなるまい。

十月十七日、巨人軍は後楽園球場で阪神を相手に七対一で勝利し、昭和五十年シーズンの最終戦を終えた。球団創立初の最下位。全球団に負け越し、最多敗戦、連続最下位日数、最低打率、最低防御率など数々のワースト記録(だが、これまた当時球団史上最高の年間二八三万人の観客動員も記録)。ジョンソンは予告通り、すぐさま翌日午後九時十五分羽田空港発のフライトでアメリカへと帰国した。

「ノー・サヨナラ、シー・アゲイン」

律儀にもこの日も長嶋宅へ先に寄ってからの羽田入りであった。

「手紙を書いて必ず報告する。監督のいう一日十キロのランニングはちょっぴり自信はないが、暖かいフロリダの自宅で十分準備を整えてくる。約束します」

空港での別れ際、囲まれた報道陣に「ジャイアンツのことだけど……すべてはボクと同じように最悪のシーズンだったが、ナインの力は十分認める。選手もコーチも大きく変えないほうがいい。必ずこのメンバーの力を結束して戦ってみせる。最後まで応援してくれた日本のファンにそう伝えてほしい」

そして報道陣から「巨人軍が来シーズンもうひとり外国人選手の獲得を検討している」と聞かされると、「確かに二人くるよ。だって、ボクが二人以上の活躍をしてみせるからね」

来日時の茶目っ気たっぷりに、ジョンソンは出国ゲートへと向かったのであった。

二年目、出だし好調のオープン戦

不振を極めた一年目の借りを返すべく、翌昭和五十一年、ジョンソンは当時の外国人選手としては異例の早期来日を果たし、二月一日のキャンプ初日からチームに合流する意気込みを見せた。

図らずも直後に控えていたのは節分の日。巨人のキャンプ地、宮崎でもこのわが国伝統の行事「豆まき」は行われたが、来日早々のジョンソンも、日本を知るいい機会だとばかりにこれを見学ではなく実地に体験する(させられる)こととなった。

数日後、このことを伝え聞いたチームOB捕手の森から、ジョンソンはある雑誌の対談で、「日本の風習にも馴染んだから、もう大丈夫だろう」と早速、ほとんど強引ともいえる三段跳び論法でこの年の奮起の確約を迫られる。

だが、そこはさすがインテリのジョンソン。これに対し「去年は非常に鬼の年だったから、今年は何としても福の年にしたい」と心憎いばかりの切り返しを見せ、森から「今年はハッピーカム、カム、福は内だ」などと思わずあなたは長嶋サンですかと聞きまがう、石橋を叩いても渡らないといわれた森の意外なおちゃめな一面を引き出すなど、対談を大団円のうちに締めくくるに大いに寄与したのであった。

キャンプでは徹底した走りこみで体重を絞り込み、アメリカではめったにお目にかかれない特守、特打も志願した。このとき三十三歳。日本で活躍できなければアメリカに戻っても再契約は難しい。そうした逼迫した気持ちがやる気を駆り立てた。

「ツインズのオーナーが、ボクの故郷のメインランドにマイナーのチームをつくる計画を持っている。そのゼネラルマネージャーか監督をやらないかといっているんだ。今年ダメならその話も消えてしまうだろう」「大学時代に専攻していた数学の教師になるか、資格を持っている不動産鑑定士になるか、とにかくある程度の成績を残さなければ食べていけなくなる」

身体のキレが戻り、オープン戦がはじまるやいきなり本塁打を二試合連発。一発目は初戦、宮崎で行われたロッテを相手に、一昨年新人王の三井雅晴から左中間へ推定飛距離一二五メートルの特大弾。二発目は続く鹿児島へ移動した翌日。今度はエースの村田兆治から放った打球は(会心の当たりではなかったにもかかわらず)左翼フェンスを越え、スタンドを越え、野を越え、山を越え、遥か彼方、場外に植えられた木々のあいだにようやく落下するというこれまたザ・ロンゲストヤード弾。打たれた村田は「たまたまストライクをとりにいった外角低めのカーブをやられてしまった。打席で構えている顔が自信たっぷり。力があるだけに怖い打者」と舌を巻き、開幕が切って落とされる前から「恐怖の二年目」の感をライバルチームに植えつけた。

郵　便　は　が　き

料金受取人払

麹町局承認

7706

差出有効期間
平成30年6月
30日まで
（切手不要）

102-8790

108

（受取人）
東京都千代田区富士見 2-2-2
東京三和ビル

彩流社　行

●ご購入、誠に有難うございました。今後の出版の参考とさせていただきますので、裏面のアンケートと合わせご記入のうえ、ご投函ください。なおご記入いただいた個人情報は、商品・出版案内の送付以外に許可なく使用することはいたしません。

◎お名前《フリガナ》　　性別　男 女　　生年　年

◎ご住所　都道府県　市区町村

〒　TEL　FAX

◎ E-mail

◎ご職業　1. 学生（小・中・高・大・専）2. 教職員（小・中・高・大・専）
3. マスコミ 4. 会社員（営業・技術・事務）5. 会社経営 6. 公務員
7. 研究職・自由業 8. 自営業 9. 農林漁業 10. 主婦
11. その他（　　　）

◎どのような媒体をご覧になっていますか（雑誌名・WEBサイト名等）

◎ご購入書店　　書店　都道府県　市区町村

愛　読　者　カ　ー　ド

●お求めの本のタイトル

●お求めの動機　1. 新聞・雑誌などの広告を見て（掲載紙誌名→　　　　　　　　）
2. 書評を読んで（掲載紙誌名→　　　　　　　　）3. 書店で実物を見て　4. 人に薦められて
5. ダイレクト・メールを読んで　6. ホームページなどを見て（サイト名ほか情報源→
　　　　　　　　）7. その他（　　　　　　　　）

●本書についてのご感想　内容・造本ほか、弊社書籍へのご意見・ご要望など、ご自由にお書きください。(弊社ホームページからはご意見・ご要望のほか、検索・ご注文も可能ですのでぜひご覧ください→　http://www.sairyusha.co.jp.)

●ご記入いただいたご感想は「読者の意見」として、匿名で紹介することがあります

●書籍をご注文の際はお近くの書店よりご注文ください。
お近くに便利な書店がない場合は、直接弊社ウェブサイト・連絡先からご注文頂いても結構です。

弊社にご注文を頂いた場合には、郵便振替用紙を同封いたしますので商品到着後、郵便局にて代金を一週間以内にお支払いください。その際 400 円の送料を申し受けております。

5000 円以上お買い上げ頂いた場合は、弊社にて送料負担いたします。

また、代金引換を希望される方には送料とは別に手数料300円を申し受けております。

ＵＲＬ：www.sairyusha.co.jp
電話番号：03-3234-5931　ＦＡＸ番号：03-3234-5932
メールアドレス：sairyusha@sairyusha.co.jp

オープン戦（セントラルリーグ・トーナメント大会を含む）を通じて五九打数一三安打、打率二割六分、本塁打六、打点一七。本塁打と打点はチームトップだった。

ある試合では右太腿肉離れで一時戦列を離れた王の代わりに一塁を守ったりもした。ところが王も控えの山本功児も左利き。そのときチームに右利き用のファーストミットを持っている者が誰もいなかった。よって急遽、ミットを対戦相手の近鉄、伊勢孝夫から借りるという一幕が開幕前のほのぼのとした話題となった。

グラウンドの外ではチームメイトと明るく冗談を交わし、グラウンドの内ではは つらつとした動きを見せる二年目のジョンソンに、ファンは「今年は一味違うぞ」繰り越し二年分の期待を昂ぶらせた。

心強かった張本勲の加入

何かいいことが起きそうな予感。いよいよ本領発揮のときがきたか。

キャンプ、オープン戦と春先好調の要因には、もちろん曲がりなりにも経験した一年間の日本野球への「慣れ」があったことは確かであろうが、それに加えてこの年は、日本ハム・ファイターズから移籍してきた張本勲の存在が何よりも大きかった。強打者の張本がラインナップに加わったことで王の負担が軽減され、打線に厚みができた。しかしそれ以上に、とりわけジョンソン個人にとってありがたかったのは、張本が英語を話せたことであった。

「ハリモトさんの素振りは参考になる」「彼は《左肩を突っ込まず、体重を残さないと日本では打てない》とアドバイスしてくれる」

バッティング談義だけではない。「ハリモトさん、何分間走った?」「センパイ何回素振りした?」ジョンソンは全体練習が終わって戻った宿舎においても張本を質問攻めにし、張本と同じ、いや、それ以上の練習をこなした。

また張本もそれによく応えた。良き話し相手、良き相談相手となって、グラウンドの内外で、「ハリモトさんを追いかけていけば間違いない」チームで孤立しがちな外国人選手の精神的負担を軽減させるのに一役も二役も買って出たのである。

オープン戦初戦で特大ホームランを放った試合のあとも、すぐさま鹿児島へ移動するため宿舎で着替えを急いでいた張本の部屋を、ジョンソンは缶ビール片手にユニフォーム姿のまま訪ね「よかったよ。大事なシーズンのスタートだ。エキシビジョンゲームだとはいっても、ホームランを打てたのはうれしい」と乾杯のカブ飲みに付き合わせた。そして鹿児島に着けば着いたで、すぐさまその足で再び張本を引き連れホテルの地下にあるレストランへと直行。「門限は十時半だ。部屋に帰ろう」いい加減、音を上げた張本に「何を言っている。ホテルにいるじゃないか」ジョンソンは自らの目を座らせながら張本にもまだ席に座っているよう命じ、祝宴をなかなか終わらせなかったという。

開幕ダッシュの陰で

特別企画　記事とグラビア30ページ　プロ野球開幕
巨人ファンの胸がスーッとするＶ１座談会　王、張本、ジョンソン三人で打率10割、ホームラン１００本で優勝するぞ！
（週刊読売、四月十七日号）

神宮球場で行われた四月三日のヤクルトとの開幕戦。チームは序盤のリードを守れず六対六で引き分けるも、六番セカンドで先発出場したジョンソンはこの試合の五回表、王、淡口の連打で迎えた一死一、二塁のチャンスにヤクルトの先発、松岡のカーブを捉えライト線へと運ぶ二塁打を放ち打点一、幸先のいいスタートを切った。

ところが翌日の第二戦、六対二でチームは嬉しいシーズン初勝利をあげるものの、ジョンソンの名前が球場にコールされることはなかった。終日のベンチ観戦。

「出られないことはないが、相手がのらりくらりの安田では」は表向きの理由で、実情は三月下旬に行われたセ・リーグ・トーナメント大会の中日戦で起きたアクシデントによるもので、このとき捕球の際、人工芝のグラウンドに右手を突っ込み痛めた親指の大事をとっての欠場だった。後に大きく発展することとなる問題の火種は、ほぼこのときからはじまったと見てもいい。

それはさておき、続く六日の川崎球場、大洋戦にジョンソンはスタメン復帰、四打数二安打と過ぎた心配は杞憂と思われたが、翌七日の同じく大洋戦、四回表一死満塁の大チャンスに大洋先発、平松政二から右手の小指付け根にデッドボールを受けそのまま途中退場。レントゲン検査の結果、骨に異常はなく全治三、四日の打撲と診断されてひと安心もつかの間、「大洋の投手はぶつけようとして投げているとしか思えない。昨年もそうだった。もし、また投げてきたら……」昨年のデッドボール骨折も同じ大洋戦であった記憶が甦り、ジョンソンはロッカールームで怒りを爆発させた。普段はもの静かな男が見せたこの鬼の形相に、取材に訪れた報道陣がタジタジとなった。

結局、その後四試合を欠場。十三日の甲子園球場阪神戦で、敗色濃厚の九回に五試合ぶりに代打で登場(結果は一塁フライ)したのち、再び三試合を欠場。先発スタメン復帰は十八日広島球場での広島戦まで待たなければならなかった。

もっとも、この日も当初はベンチスタートの予定だったが、試合前の打撃練習で鋭い当たりを飛ばすジョンソンを見た長嶋が「大丈夫。調子は戻った」。急遽、国松バッティングコーチを呼び寄せジョンソンを交えて三者協議、メンバー表交換寸前にスタメン復帰が決まったのだった。

果たして長嶋の読みは見事的中した。ジョンソンは五回表、快音を残す痛烈なタイムリー右中間二塁打を放ちチームも五対〇で快勝。快勝どころか、巨人先発の加藤初がこの試合でノーヒットノーランの大偉業を達成し、ジョンソンは復帰初戦にしてこの快挙に花を添えたのであった。

助っ人のための助っ人

「そういう気の緩むようなことを試合前に思い出させてもらっては困るんだなあ」

四月二十四日ナゴヤ球場での対中日戦試合前、記者団に囲まれた長嶋が頬を緩めながら答えた。

「代打ジョンソン」来日はじめてこの名前が場内アナウンスされたのが、一年前のちょうどこの日、場所も同じくこのナゴヤ(旧中日)球場だった。

「覚えているさ。代打だった。ピッチャーは星野。スローカーブ、スライダー、ファストボール、それからフォークボールで見逃しの三振だったな」

ジョンソンも懐かしそうに振り返る。とはいえ、厳密には伝えられた球種とは違っている。しかしそれは問題ではない。語るべきはその表情に浮かべた笑みである。

「すごいプレッシャーを感じていたし、それにボクは寝ていたようなものだから。時差ボケで……」奇しくもこの日の先発はその星野と予想されていた。

「ところで先発は星野だろうが《歴史は繰り返す》と思うかい?」ジョンソンが記者団に問いかけた。

「イエス!　デービー」しかし間髪入れずに答えたのは近くにいた巨人ナインだった。

「ノーノー!」目をむいてジョンソンが反論する。「今年は違うぞ」

この日、ジョンソンは二安打を放ち《歴史は繰り返さなかった》(それでも走者のいるチャンスではことごとく凡フライを打ち上げ、星野の完封勝利をアシストする結果に)。

翌日、試合前の練習中に飛び込んだトイレでジョンソンはドアに出ていた釘にうっかり左手を刺してしまう。日本式の狭いトイレから出る際、腱鞘炎の右手をかばおうとして起きたちょっとしたアクシデントだった。

「デービー、釘が刺さったら死んでしまうぞ」またしてもチームメイトから冷やかしが入った。

「それなら死ぬ前にどうしてもホームランを打っておかないと」

宣言通りジョンソンはその試合、打った瞬間それと分かるシーズン第一号、逆転のツーランをレフトスタンドへと叩き込む。

「やさしいボールだった。一発を狙っていたわけではないが去年より気分的にも余裕がでてきた」

四月終了時点でチームは十一勝七敗一分、順位は二位と好位置をキープ。長嶋をはじめチームはいつも明るいムードに包まれ、ジョンソンもオープン戦の好調をそのままシーズンに入っても維持し続け、昨年見られた苦虫をかみ潰したような表情はもうどこにもなかった。

さらにこの時期、巨人が新たな外国人選手を獲得したこともジョンソンにとって追い風になった。シーズン前、張本の獲得で打線の強化を図った代償は、守れる内野手、富田勝とローテーション左腕の高橋一三の放出だった。先発投手の穴については太平洋クラブ・ライオンズから加藤初を獲得していたので、ある程度の計算は見込めたものの加藤は右投げ、左投手不足の問題は公式戦がはじまってからも未解決のままだった。そうしたなか押し進められていたのが、ジョンソンに続く大リーグからの補強策。純潔路線は昨年ですでに過去のものとなっていたので、もうチームにためらいはなかった。

デーブ・マクナリー（元オリオールズ・引退）、クロード・オスティーン（元ドジャース・引退）ら複数の候補のなかから絞られた最後の一人は、ノーヒットノーランの達成経験もあるクライド・ライト（前年はテキサス・レンジャースに所属）だった。

「性格はファイター型でまじめ」

ライトについてコメントを求められたジョンソンはそう答え（あとからすればなかなか意味深長にも受け取れる）、マスコミのあいだでも「大リーグで流行している長髪、口ひげスタイルではなく、ジョンソンと同じ正統派。どうやら巨人向きの選手らしい」（報知新聞）との前評判であった。

ところがこの「巨人向きの」「正統派」の評判は、五月六日午後四時五十六分、日航機の羽田空港到着を境に微妙な変化を生じはじめる。一年前のジョンソンのときと同じ歓迎ムード一色のなか、出迎えた関係者を前にこの巨人軍第二の外国人選手は、なんと「バット」片手に、しかもそれを誇らしげにかざしながらタラップを降りてきたのである。機内に持込んだバットは総計十本。投手であるはずのライトが、である。この伏線は来日直前、ほんの数日前にあった。

その日、佐伯一軍担当常務は突然の真夜中の電話に飛び起こされた。

「セントラルリーグは指名打者でやっているのか?」

声の主はまだ海の向こうにいるライトからで、国際電話だった。

「実はバットを買い込んだんだ。せっかく買っても、ジャイアンツが属しているセントラルリーグが指名打者制では何にもならないからね」

「心配いらない。こちらは投手も打っている」

佐伯はいったい何事かと一瞬肝を冷やしたが、そうではないとわかり、いぶかる気持ちを残しながらも再び眠りについた。まさか本当に肝を冷やすことがこの後、何度もおとずれようとはとは気付く由もなかった。

なにはともあれ、ジョンソンはこの新しい仲間の加入を喜んだ。通訳なしで会話のできる同じネイティヴアメリカンの入団は、プライベートな時間はもちろんのこと、グラウンドのプレーにおいてもジョンソンにプラスの作用が働くよう考えられた。

効果は早々に現われた。八日の後楽園球場、対中日戦での八回裏、観戦に訪れたライトの目の前でジョンソンはレフトスタンドへ豪快な一発を叩き込んだ。それはチームに逆転をもたらすツーランになったのと同時にライトの来日を歓迎する祝砲の一撃となった。

「このホームランは彼への来日プレゼント。これからは日本の野球と言葉をよく教えてあげるつもりだ」

試合が終わるやいなや、二人は早速夜の東京の街へと消えていったのであった。

五月十一日からはじまった甲子園球場での首位決戦で、二位の巨人は一位の阪神を十一日、(十二日は雨天中止)十三日と連勝で下し、いよいよ待望の首位に立った。まだシーズン序盤とはいえ、長嶋が監督に就任して以来これが初となる首位の座だった。

このときライトはまだ多摩川で調整中の身であったため、この大阪遠征に参加はしていなかったが、彼の地では同じ外国人仲間、相手チーム、阪神のハル・ブリーデンが、ジョンソンに嬉しいフレンドシップを発揮してくれていた。右手親指に痛みを抱えていたジョンソンは、それまでバットのグリップにスポンジを巻きつけて打席に入っていた。しかしこれではバットが折れるたびに、スポンジを巻き替えなければならない面倒があった。事情を聞いたブリーデンがそこで試合前、「これを使ったらいい」と持ってきてくれたのが同じスポンジ製の小さな丸い輪だった。これを親指にはめて打席に立てば、打つときの痛みが緩和されるというのである。

「おい、敵に塩を送るのか」、阪神ファンからそんな小言が聞こえてきそうであるが、しかしその日の試合でジョンソンは山本和行から反対の左手小指にデッドボールを受け、結果として痛み分けが成立。阪神ファンにそれ以上の文句を言わせなかったあたりはさすがといわざるをえない。

巨人の人気者

もともと注目度が異様に高かっただけに、打ち出せば罵声が声援へと変わるのに時間はかからなかった。打席にジョンソンを迎えるとスタンドがわあっと盛り上がる。塁上にランナーのいるチャンスならなおさらのこと、勝負強さを見せるようになった二年目のジョンソン人気は前年分の反動も手伝ってか、日を追うごとに高まった。

もともと紳士的でユーモアのセンスにも長けた人物である。そこに結果がともなえば好感度はよりアップする。こうなると日本の企業が放っておくはずがない。
そこにまず狙いをつけたのは（意外にも）出版社だった。業界最大手の集英社が同年春発売の新刊、フィリップ・ロス著（中野好夫訳）『素晴らしいアメリカ野球』の宣伝広告向けに推薦の辞をジョンソンに依頼した。

アメリカでは仲間と腹をかかえて笑ったものだ。巨人軍内野手　D・ジョンソン

アメリカの下町で、子供たちに将来何になりたいかを聞くと、三人に二人はスポーツ選手を挙げる。小さいときから大リーガーを夢見る子供たちも多い。アメリカはスポーツの国だ。だからこそフィリップ・ロスは野球を題材に、こんなアメリカ風刺小説を書いたにちがいない。まだぼくがアメリカにいたとき、この小説を読んで仲間と腹をかかえて笑ったものだ。こんど日本で翻訳されたと聞く。ぜひ日本の仲間たちにも読んでもらいたい。

後藤明生、寺山修司といったその筋の大御所と肩を並べての寄稿文掲載である。こうした例は、日本プロ野球界在籍者であとにも先にもこのジョンソン以外には見当たらない。
そして熱心なファンならもちろんご存知、もうひとつ、小さな巨人、巨人軍選手御用達ともいえる清涼飲料のテレビコマーシャルでの登場は、今でも本人のご自慢でもある。

「ボク、ジョンソン。オ◯ナ◯ンC、オイシイデスネ」

柴田、堀内、高田、そしてジョンソン、張本とが順に登場するこの映像。無人スタンドのなか、それぞれがいかにも撮影向けのダイナミックなプレーを披露したあと、この清涼飲料水をぐびぐび飲んでキメぜりふを語るわけだが、もちろん日本人向けのコマーシャルだからジョンソンのせりふも日本語。だが、なぜかジョンソンのときだけ「あっははは」と他のメンバーの笑い声が同時に被せられるのは自虐の演出か、それとも照れ隠しの意か。

おそらく、このカタコトだけでも相当練習させられたのであろう。帰国後から現在に至るまで、アメリカで現地取材をする日本の報道陣が目に入ると自ら近寄ってきて、「日本から?」「知ってるかい? ぼくは日本でコマーシャルに出たことがあるんだぜ」と、このとき覚えたフレーズを得意げに諳んじて聞かせるといった類の話が、これまでに日本のマスコミ各社の紙上で複数件報告されている。

負傷悪化、再燃する火種

巨人ファンのみなさん　毎日食事がうまいですねぇ
とり急ぎ《マジックナンバー》をつけてみました
巨人あと57勝　5勝4敗ペースで優勝!　(週刊読売、六月六日増大号)

十四連勝を含む一七勝四敗という驚異的なペースで五月を走った巨人は、阪神から奪った首位の座を一度も明け渡すことなく六月へと突入した。試合前の特打ち、遠征先での深夜の素振りと、ジョンソンも日本式の練習スタイルに自ら進んで取り組むなど、「王サン、張本サンとボクの三人でホームラン百本」の公約実現に向けて日夜汗を流す毎日を送った。

ところが、ここにきてついに右手親指の痛みがこらえられないほどに悪化する。平松から死球を受けてから二カ月あまり、東京にいるときは痛み止めの注射を打って球場に入り、遠征のときは鎮痛剤を飲んで試合に出場するのがお決まりのパターンだったが、いよいよその神経が麻痺するまでになってしまっては、どうあってもプレーに支障をきたさないではいられなかった。

三四試合に出場、一一三打数三四安打、打率三割、ようやく規定打席に到達、打撃ベスト30の十五位にその名を記した矢先での戦線離脱は六月四日のことだった。

この日、ジョンソンはひとり名古屋から広島へと遠征するチームに帯同せずに帰京した。東京に戻って診察した結果は「外傷後右手腱鞘炎」そして「休養して二週間は治療に専念したほうがいい」。ジョンソンもチームも好調の波に乗っていただけに、もちろん早期の復帰が望まれた。

だが、ここで燻っていた火種がいよいよ再燃しはじめたのである。火事とケンカは江戸の華。お楽しみはこれからだった。

「ロサンゼルスに大リーグの選手がよく診てもらう医師がいる」「二週間休養するのだったら一時帰国してアメリカでその専門医の治療を受けたい」（ジョンソン）

「悪くてもここまでやってきたのだから、一週間ほど練習をしながら治療にあたってみたらどうか。その結果を見て帰国して治療するかどうか決めたい」(長嶋をはじめとする球団側)

すぐさま一時的な帰国を望んだジョンソンと、できる限り国内での経過観察を望んだ球団。療養対処を巡って両者のあいだに主張の相違が生じた。このとき一旦、ジョンソンは球団(長嶋)の説得を受け入れたかのように見られた。ところが、そのわずか数日後、洗いざらしのジーパンに半袖ポロシャツ姿のジョンソンが小さなトランクを携え、羽田空港のロビーへと現われた。そして、なぜかそれを予期して待ち構えていた報道陣に向かって「自分でアメリカに行くことを決めた」とコメント。

「長嶋監督とのトラブルがいわれているけれど?」

「確かに日本の野球に理解できないところがあるのは確かだ。すぐに代打を出されてしまうのはボクの誇りが許さない。みんなは、それはチームのためであり、《今日は打てない》と見た監督がお前の打率を下げないようにやったりしている面があるという。自分ではちょうどボートで沖へ出て、ボクが泳いでボートに上がろうとすると頭を押さえつけられて水に沈められてしまう場面を想像してしまうんだ。《それはクラゲが君を刺そうとしていたからだ》といわれても、考え方がわからなければ《殺される》と受け取っても仕方ないだろう。そんな誤解があったのは確かだ」

いったいどういうことか。何があったというのか。

五月二十八日後楽園球場での大洋戦。ジョンソンはノーアウト一、二塁の場面で送りバントを命じられていた。

六月二日ナゴヤ球場での中日戦。はじめて打順を七番に下げられたジョンソンは、そのショック覚めやらぬ翌三日、自分に回る打席で代打淡口を内示されながら直前の末次が併殺に倒れるとそのまま守備につかされ、改めて次の回に代打を送られるという、大リーガーとして我慢のならない起用に恥辱を味あわされていた。この「ベンチの総力を上げて戦う」長嶋采配は、ジョンソンにとって不愉快以外の何ものでもなかった。試合後、怒り心頭のジョンソンは宿舎に戻るや直ちに長嶋と佐伯常務に向かって「こんなことをされては、もうやっていけない」と二時間にわたって不満を訴えた。

「もう少し冷静になってから話し合おう」

長嶋と佐伯はなんとかその場を納めたものの、しかし翌四日早朝、ジョンソンは突然佐伯に「手の治療もかねて東京へ帰りたい」と言い残し、名古屋から広島へ移動するチームメイトと離れて単身帰京を果たしてしまう。当然、球団フロント関係者が東京で待ち構え説得にあたったが、興奮冷めやらぬジョンソンは強硬に「アメリカへ帰る」と言い張って譲らず、弱り果てたフロントがメアリー夫人(当時)に助け舟を求めるも「私ではどうしようもありません。ブレーブスを辞めたときがこうでした」と、この問題がもはや後戻りできない状況にあることを示唆した。

翌日(五日)も進展がなく埒が明かないと判断した球団は、六日、今度は僚友のライトと通訳の田沼をジョンソンの下に送り込み説得にあたらせるが、七時間にも及ぶ話し合いのなかで得られたものは、ひとまずチームが東京に帰ってくる明日（七日）に再度、二人（長嶋と佐伯常務）と話し合いの機会を設けるのに同意させることだけであった。

そして七日、「最悪、退団もやむなし」との意を球団から受けた佐伯と、「まだ戦力的に必要」と考える長嶋とで、東京ヒルトンホテルで行われた三者会談は、これまた五時間のロングランに及んだ末、ようやくここでジョンソンが折れ、最悪の空中分解、もの別れ退団の事態は回避された。何はともあれとにかく故障の治療を優先しようじゃないか、というところで双方の一致を見たのであるが、問題はこのあとだった。

ただちにアメリカへ戻りたい、アメリカのドクターに診てもらい、そのうえで、その判断にしたがって治療にあたりたいというジョンソンと、いや、まずは日本の病院で診てもらって、あとは適宜経過見ながら考えていこうじゃないか、という長嶋と球団サイド。治療過程をめぐる両者対立の背景には、その前に起用法をめぐっての感情の対立が下書きとしてあったというわけだ。

ジョンソンのいうドクターとはロサンゼルス在住のロバート・カーラン氏で、元ドジャースのチーム・ドクター。現在は「大会社の役員をしている人」（佐伯）ということだが、アメリカではスポーツ医学の権威として知られており、ジョンソン自身、大リーグ時代に一、二度同医師の治療を受けた過去があり、以来、厚い信頼を置いていた。とりあえずこの場はジョンソンが長嶋・球団サイドの言い分を受け入れ、そこで翌八日の午前十時、指定された東京品川区の関東逓信病院で診察を受けに行ったところ、その結果が冒頭（八四頁）に述べた通り。

「症状は軽いものではなく、完治するには何日かかるかわからない。一応症状は右手親指の痛みだが今日の検査だけでは、何日間で治るか、というようなはっきりしたことはわからない。一週間ほどかけて検査すれば、大体の全治までの期間はわかるが、ただ現在の段階ではバットやボールを握るのは絶対に避けたほうがいい」「休養して少なくとも二週間は治療に専念したほうがいい」

すぐさまジョンソンは後楽園球場で報告を待つ長嶋と佐伯の下を訪れ、二週間休養が必要というのであれば、それならと、ここで再び一時帰国での療養を要求する。だが「日本に野球をしにきたのだから弱気を捨て、もう一度トライしろ、と言った。だから練習しながら治すように本人にも言ったら納得した」と長嶋。一時帰国を認めなかった。

医者は「二週間はバットやボールを握るな」と言い、長嶋は「練習しながら治せ」と言い、こうなってはジョンソンとて「明日はどっちだ」だ。ともあれ、ジョンソンはここでも再び「折れた」。

母国では誇り高き大リーガーであっても、異国ではまだ一兵卒との自覚を強要されてか、しぶしぶ、仕方なく、室内練習場へと重い足を運び、体裁を整える程度には、言われた通りバッティング練習を敢行するあたりはガイジン選手としては異例、ジョンソンも律儀であったという他ない。少なくとも表向きは。

対立激化、緊急帰国

ジョンソン帰国で　明るみに出た　巨人の微妙な内部事情
日米の国の差か？　長嶋采配にウッセキした大いなる不満か？（週刊ベースボール）

突如《帰国事件》の真相！
長島巨人がジョンソンを見限った（週刊現代、六月二十四日号）

プロ野球いちゃもん帖
巨人ファンの怒りが爆発　ゴネゴネジョンソンも、ホラ吹きライトも国外追放しちゃえ！
（週刊ポスト、六月二十五日号）

翌九日、午後二時に後楽園球場にやってきたジョンソンはユニフォームに着替えグラウンドに顔を出すものの、ランニングコーチや王らと談笑をするだけで練習には一切参加せず、時計の針が三時半を回ると早々にロッカールームへと消え、部外者立ち入り禁止の一室でまたしてもこの日、長嶋、佐伯との三者会談が取り行われた。

「昨日（八日）バットを久しぶりに振ってみたけれど、やはり以前と同じで強くバットが振れない。ズキンとして痛みがあり、芳しくない状態だ。今朝もバットを振ってみたが、やはり同じだった」

「とにかく一度アメリカに戻って、アメリカ人の医師に診てもらいたい」

ジョンソンは再三再四、アメリカ帰国の必要性を主張。ここまで自説を曲げない理由に「日本の医師や接骨といった治療法を信用しないんだ」とは佐伯の見解で、そして長嶋は「(ジョンソンに対しては)いろいろと気をつかっているんだ。打てないと手が痛いというし、打てば手は痛くないという。どっちがどっちだかわからない」。

ジョンソンは言う。「これだけいろいろ(日本で)治療を試みてもよくならないどころか痛みは増すばかりだ。だからこの際、大リーグ時代にお世話になったカーレン医師に診てもらいたいんだ」

お互い平行線をたどったまま話し合いは二時間を超え、試合開始が迫ったということでこの話し合いは時間切れの一旦お開きとなった。どのようなかたちで散会となったかは当事者のみが知るところで部外者には定かではないが、「練習ができないとあらば帰国もやむなし」の空気が支配的になったのだけは確かなようであった。

だがそれはそれとして長嶋がこの日、ジョンソンに強くベンチ入りを勧めていたにも関わらず、ジョンソンがそれを無視して帰り支度をはじめてしまったのは、間違いなく燃える男の熱いハートにガソリンを注いだ。タオル一枚でシャワー室から出てきたジョンソンの前に長嶋(と田沼通訳)が立ちはだかった。仁王立ちとはこのことだ。

「本当にアメリカへ帰るつもりか?」

「ロサンゼルスにいる専門医のカーレル先生に診てもらってきます。でも三日間で戻ってきますから」

「でたらめ言うな！」声を荒げる長嶋。「お前はそれでも男か！」。ハイトーン、ハイヴォイス。長嶋はいきなりジョンソンのタオルを剥ぎ取り、ある一点を指差し続けて叫んだ。「キ××マふたつぶらさげてるくせに帰りたいなんて言い出すのか！」「いいや、男じゃない」（ここは「ユーはマンじゃない」との説もあり）「男なんかじゃない！」「お前は女だ！」

思わずジョンソンは拳を振り上げそうになる。が、ここは何とか踏みとどまった。暴力に訴えたところで自分の気持ちは理解されない。そう考える冷静さだけはまだ残っていた。踵を返しシャワー室から出て行く長嶋。ジョンソンは落とされたタオルを拾った。どちらにしても腹は決まっていた。

午後六時三十分頃、佐伯から記者団にひとつの発表がなされた。「ジョンソンは便がとれ次第アメリカへ帰るでしょう。今日になるか明日になるか、それはわからないが……」

同時刻、ジョンソンはすでに羽田空港に現われ、空港内の銀行で円をドルに替える手続きを済ませていた。「多分、（ロサンゼルスの）カーレル医師がうまくやってくれると思う。二週間後には帰ってくる約束だから、たとえ治療が長くなるようでも戻ってくる」

後楽園球場ネット裏の記者席に、球団から報道陣向けの回覧板「午後九時羽田発のＪＡＬ62便でジョンソンはロサンゼルスへ向け出発する」の報せがまわってきたのは午後八時三十分。あまりに遅すぎるこの発表は当事者同士、ジョンソン、球団、お互いの不通・不和を公にしたも同然だった。

ただジョンソンも迂闊だった。再入国の際に必要とされる日本政府発行のビザを取り忘れていたのである。「あっ！」気づいたとき、ジョンソンはすでに機上の人となっていた。

晴れやか再来日

抜き打ち出国もそこは大人の社会人。翌十日の夕方、ジョンソンはロサンゼルスからトーキョー・ジャパンの佐伯にサプライズ・テレフォンを入れ、カーレン医師に診察してもらった結果を報告、長嶋ら球団の疑った片道切符の逃亡疑惑を払拭させた。

同医師によれば「完全に治すには手術しかない。そうなると今シーズンのプレーを諦めなくてはならない。だが、自分の指示に従って日本の医師の治療を受けていけばそのままプレーを続けられるし、悪化する心配もない」とのこと。ジョンソン自身もビザが取れ次第日本に戻り、すぐにでも戦列復帰するつもりだと語り、短くも長くも気を揉んでいた関係者はその旨を聞いて一様に安堵の溜息をついた。

ジョンソンは六月十七日午後三時二十分羽田空港着のＰＡＴ（パンアメリカン航空！）機で八日ぶりに再来日。白シャツの軽装でタラップから降り立ったその表情に長旅の疲れは見られず、それどころか憑き物が取れたような、出国時とはまるで人が違ったような晴れやかな笑みに包まれていた。

「多くの人に心配や迷惑をかけてすまなく思っている」

そう語り、持参したカーレル医師の書いたカルテを元に、プレーしながら治療していく決意のあることを明らかにしたジョンソン。またアメリカ帰国中に、正力オーナーからの強い勧めでドジャースのピーター・オマリー会長（当時）と会談する機会を持てたこと、そしてそこで日本とアメリカの野球に対する考え方やその違いについての話を聞くことができ、今後のトラブル防止に備えるとの旨を宣言した。

「言われれば、明日の阪神戦（甲子園）からでもチームに合流する」

はやる気持ちを抑えられないジョンソンに対し、だが長嶋は昨年の自戒も込め、まず多摩川での再調整からスタートするよう命じた。が、ジョンソンのこの頼もしい心意気には、ファンが即座に反応を示した。

十九日に発表されたオールスターファン投票の第三回中間発表で、ジョンソンはなんとセ・リーグ二塁手部門で広島の大下、中日の高木守を差し置いてトップに踊り出たのである。

そして二十二日後楽園球場での大洋戦。十九日ぶりの試合出場に第三打席、五回一死二、三塁のチャンスの場面に打席が回るや、復帰の挨拶とばかりにジョンソンはレフトスタンドへとボールを運んだ。第一打席、無死一塁で中途半端なバッティングのピッチャーゴロで凡退。第二打席は無死満塁のビッグチャンスにあえなくサードゴロ。そして迎えた第三打席での出来事であった。

力強い打球ではなかった。だが、高く舞い上がったボールが風に乗った。大洋のレフトを守る高木がフェンスに張り付き、ジャンプしたグラブの先をかすめてのスタンドインだった。第二打席までの中途半端なバッティングに中途半端な期待しかかけられなかった五万人のファンが、この瞬間、一斉に狂喜乱舞した。ギリギリでもホームランはホームラン。減点されるルールなどない。

「犠牲フライを打てたらいいと、それだけだったよ」

ジョンソンは謙虚に語ったが、帰国してからやはり裏でチクチク小言を言われたのであろう。またはそれ以上の誹りと制裁を受けたか、「アメリカに治療に行った費用は千ドル（当時レート三十万円）くらいかかったかな。そのうえ、今日はボクの車のドアが開かなかったんだ。球場までタクシーで来たら三千円かかったよ。まあ、これは皆に迷惑をかけたペナルティだろう」「ガイジンは皆ダメだな。ブリックス（ロッテ）はアメリカへ治療に行くし、シピン（大洋）もケガ、マニエル（ヤクルト）は手術だろう。オールスター？　ボクは選ばれるのが恥ずかしい気持ちだよ」

痛烈な自虐と皮肉のコメントでもって迎撃するあたり、さすが確信犯である。

オールスター戦出場辞退

七月九日、オールスターファン投票最終結果が発表され、ジョンソンは八万九三一六票を獲得して見事セ・リーグ二塁手部門のトップ、初選出の栄誉に浴する。打率二割七分八厘、本塁打八、打点二六（七月十日時点）は選ばれた野手のなかで目立つ数字ではなかったが、そこは守備力も含めた存在感。それなら打率二割七分六厘、本塁打八、打点二三でも、ジョンソンを上回る得票数十三万五七九で外野手部門三位に選ばれた山本浩二（広島）はどうなんだ、とアンチ巨人党を黙らせるに十分な成績であった。

ところが、オールスター運営委員会は十五日、「ファン投票で選ばれたのは大変名誉なことだと感激している」「大リーグ時代にもオールスターは何度か出たが、日本でもいい思い出が作れると嬉しい」と喜びの声明を発表したはずのジョンソンに代って、島谷金二(中日)を出場させると公式に発表した。

ジョンソンが自ら辞退を申し入れたというのである。理由は「右膝打撲の故障悪化」のため。右膝？　おい、痛めていたのは右手の親指じゃなかったのか。

確かにファン投票で選ばれたとき「手のほうはあまりよくないが、力いっぱいプレーしたい」とのコメントもあったが、同時に、実は先の復帰戦となった六月二十二日の試合での走塁時、ダブルプレーを阻止しようと二塁にスライディングした際、人工芝の上に激しく右膝をぶつけ痛めるというアクシデントに見舞われていたのである。以来、患部に水が溜まるようになり、しばらくその水を、それこそ象に注すのかというほどの大きな注射器を使って抜いてはテープで固めてグラウンドに立ち続けていたのだが、それもここにきてついに我慢の限界に達したのだという。

それでも何とか出場をと意欲を見せていたジョンソンだったが、球宴も真近かに迫った十四日のヤクルト戦(鹿児島)でついに限界点を越え、途中退場を余儀なくされた。事態を慮った長嶋は「大切な後半戦が控えているだけに、オールスター期間中に治療に専念させたい」との意向を示し、翌十五日、熊本に移動して行われた前半戦の最終試合に長嶋はジョンソンの名前をスタメン用紙に書き入れなかった。ランニングもままならず、試合中は本部席で佐伯常務と並んで観戦とあっては本人もこの現実を受け入れざるをえず、「ファンにすまない、というよりも自分にとってこれほど名誉なことはないとはりきっていたのに、ものすごく失望した」と、ジョンソンは最後、目を潤ませながら無念の気持ちを表した。

またジョンソンを欠いたチームもこの日ヤクルトに一対三と敗れ、首位の座を阪神に譲る二位でのシーズン折り返しとなった。

「ライト・マイ・ファイア」

だが長嶋のこの温存策は当たった。

オールスターゲームの期間中、出場しなかった他のナインが多摩川グラウンドでみっちりとミニキャンプで汗を流すのを尻目に、ひとり療養と軽めの調整につとめたジョンソンは、後半戦開幕直後の三試合で十一打数六安打、本塁打二、打率五割を超える打棒を爆発させ、球宴出場辞退の鬱憤を晴らすと同時に、日本国中が待ち望んだ王貞治通算本塁打七百号達成のお祭り騒ぎの、その神輿担ぎの一役をも担ったのであった。

そうこうするなか、レッド・ホット・ジョンソンの炎は僚友ライトにも引火した。

七月二十四日の大洋戦。六回無死一、二塁のピンチを作った場面で交代を告げられたライトは、引き上げたベンチの裏でいきなりユニフォームを引き裂き脱ぎ捨て八つ当たりの火炎噴射を放った。

「オレだって血の通ってる人間なんだ！　ふざけやがって。オレがどれだけ我慢してやってきたのか、わかってんのか。クソが。やってられっかよ。ああ、もうやってらねぇね。オレはアメリカに帰らせてもらうぜ！」

交替が不満なのではなかった。不満だったのは、その交替のさせられ方だった。マウンドに来たピッチングコーチの杉下も、ベンチから出てきた監督の長嶋も、「どうだ？　まだいけるか」と聞くなり、「ごくろうさん。あとはリリーフに任せよう」（ライトはそこまでそれなりに先発の役割を果たしていた）と労をねぎらうなり、とにかく何か一言あってしかるべきなのにそれがなかった。誰からも何も言われず替えられた、それについて腹が立った、というのが本人の言い分であった。

前半戦ではジョンソンが、そして後半戦ではライトが、一年間に二度もの外国人問題に頭を悩ますハメに陥らされたフロント首脳陣の心境はいかばかりか。一方、「悩みがあるとボクのように内にこもってしまうタイプと、ライトのようにあらいざらいを爆発させるタイプがいる。どちらがいいかわからないが、落ち着けば大丈夫だと思うよ」ジョンソンはにやにやと余裕の表情で事態を分析。のちに「瞬間湯沸かし器」「クレイジー・ライト」と渾名されるこの第二外国人の起こす癇癪は、第一外国人（ジョンソン）のそれまでにまつわる数々のトラブルの記憶を遠い忘却の彼方へと押しやり、さらに「それに比べれば……」と相対的に第一外国人の優良度数を高めてくれるのだから、ジョンソンのこのにやにや笑いは含みが深い。「人の意見や評価とは曖昧なもの」と語ったイチローのまだ生まれる前の出来事である。

翌日試合前にジョンソンは監督室に呼ばれ、議題は違えど同じメンバー、長嶋、佐伯常務とのあいだでこの「ライト問題」についての意見交換会が行われた。

「巨人のガイジン、トラブル、トラブル、スミマセンネ」

外国人特有の肩をすくめるポーズでこう語ったジョンソンは、その夜「日本に来て二シーズン目で初めて最高のフィーリングで打てたホームランだったよ」と第二打席一死一塁の場面で左中間スタンド中段へ弾丸ライナー、連夜の勝ち越し第十号本塁打を撃ちつけた。勢い止まらず続く第三打席には右前打、第四打席は左前打と、右へ左へ打ち出の小槌打法でしめて四打数三安打二打点、その試合の猛打賞を獲得した。

ライトはロッカールームで大暴れ。ジョンソンはグラウンドで大暴れ。そんな対比の妙を見せた二人は実はユニフォームを脱いだところでも、「普段は英字新聞や本を読んで過ごす」というジョンソンに対し、「オレは田舎者だよ。本より戸外での生活のほうが好きだ」というライトとで、これまた対照的な性格を見せていた。

とはいえ、二人はよく行動を共にしていた。そんなところから、いつしか巨人ナインのあいだに「ジョンソンが怒られ役、ライトはガミガミ怒り役で漫才をやったらいい」という声が洩れ聞こえるようになったのであった。

V奪還試合に決勝本塁打

だが、どんな選手にも、どんなチームにも、好不調の波は必ずやってくる。だから目先の勝ち負けでいちいち一喜一憂するなという声もある。しかし、ならばいったいいつ喜び、いったいいつ憂うのか、そのタイミングはどうやって計ればいいのだろうか。
七月三十日、巨人は甲子園球場で阪神を破り、再び首位の座を奪い返した。そして一勝の重みが違ってくる八月、九月の戦いで巨人軍は、七連敗(二分挟む)、二三連勝(一分挟む)、五連敗(一分挟む)、五連勝と、急降下と急上昇を交互に繰り返す息もつかせぬジェットコースター的スリル満載の、いかにも長嶋的なダイナミックペナントレースを展開。相乗りする親会社も連勝に沸き立ち、連敗にイラ立ち、勝てば勝ったで、負ければ負けたで傭兵ジョンソン(とライト)を標的にその感情の起伏を幾度となく紙面にぶつけ、購読者である巨人ファンの思いを代弁し、共感を誘った。

看板が泣く　巨人2外人

《助っ人》どころか今や《お荷物》の感さえある。ジョンソンとライトだ。ここで一本出れば……そんなとき必ずといってよいほど凡退のジョンソン。このピンチを乗りきってくれれば……そんなとき大抵手痛い点を取られるライト。これでは元大リーガーの看板が泣く。この日もそろいにそろってこの二人は、巨人の勝機をつぶすブレーキとなった。(中略)一体、ジョンソンのバットで勝った試合がいくつあっただろうか。せいぜい買えるのは二塁の守備くらい。春のキャンプでジョンソンはこう《公約》している。「去年はぼくにとって悪夢のようなシーズンだったから今年は二年分働くつもりだ」と。改めて思い出すとしらじらしいせりふに聞こえて来る。最近ではコーチのアドバイスさえ素直に聞き入れない。そして言う言葉は「大リーグのときは……」（中略）大リーガーのプライドも結構。だが、それらも成績を上げてからの話。こんな二人が巨人V1のガンにならなければよいのだが……

（讀賣新聞、八月十一日朝刊）

J砲やっと本調子？　4試合連続打点

王の故障で五番に入ったジョンソンが、一回の先制二塁打を始め、3打点をたたき出した。これで4試合連続の打点をマーク。「やっと、ボク本来のバッティングができるようになった。トップを走るチームになんとか貢献しようと思って。こういうのをアメリカでは《ペナントドライブ》というんだ」とハナ高々。《ペナントドライブ》とは、さしずめ《けん引車》とでもいったところ。逆に下位チームでよく打つと《サラリードライブ》というのだそうだ。チームの成績には関係ないが、自分の給料だけは上がるというわけ。「これからはボク、うーん、そう、ケンインシャになるよ」とやる気十分。

（讀賣新聞、八月二十五日朝刊）

今や《けん引車》両外人

《ペナントドライブ》――。日本流に言えば「優勝へばく進」といったところ。そのペナントドライブの主役を、なんと二人の外人が務めようとは。一時は巨人の《お荷物》とさえ思われたあの《ジョンソンとライトが》。ペナントレースの終盤を迎えて、ようやく元大リーガーのプライドと実力が目を覚ました――そんな感さえあるこの二人だ。

（讀賣新聞、八月三十日朝刊）

「ガン」から「けん引車」へ。プロは結果がすべてといえばそれまでだが、わずか半月あまりのあいだにここまで評価が上下するのも珍しい。しかもどれだけ結果を残したところで「本調子？」「そんな感さえ……」といったぼかしを入れられては、プレーする当人としてももうそれ以上立つ瀬がない。とはいえ、このとき右手親指の炎症、右膝の水たまりに堪え、ジョンソンがチームのために身体を張ってプレーし続けたのだけは間違いのないところである。

八月後半は十試合で五ホーマー。九月は王が腰痛で欠場したあいだ、ファーストミットを持って一塁の守備にもついた。四番に据わり決勝本塁打を打ったこともあった。当初、ジョンソン自身は「四番はハリモトさんが……」と思ったらしいが、長嶋が「最近いい振りをしているので迷わず四番に据えた」とキッパリ。見事その期待に応えた。「大リーガーのプライドが……」うんぬん言われたのも、「走者がいるときは右に打つように」という長嶋の意向を受け入れ、指示があればいつでも右狙いのおっつけバッティングに徹した。すべてはチームの勝利、優勝のためだった。ワールドチャンピオン・メンバーにもなった経験のあるジョンソンにはそのことがわかっていた。もっとも、これには多少の伏線があったが。

あるとき、ジョンソンの元に黒江コーチから手紙が届いた。

「君は大リーガーのプライドを捨ててくれ。チームは今優勝へ最も大切なつめの段階にさしかかっている。ここまできたらもう全員力を合わせて一つ一つ勝ち抜く以外にない。君にバントを命ずるのもそのためだ。今シーズンの君の成績は、チームで最もチャンスに悪い。成功の確率を考えての作戦なんだ。大リーグでも優勝の追い込みになったらクリーンアップにバントをやらせることがあるのは君も知っているだろう……」

長嶋の思いを真摯に代弁しての手紙である。

ジョンソンはすぐに返事を出した。「ボクにやさしい言葉はいらない。気づいたことは遠慮なくどんどん言ってほしい。指示通りにボクはすべてに従う……」

夏の盛りが過ぎる頃、新聞・雑誌がジョンソンの去就をめぐって騒ぎ立てた。残留か退団か。中古の自動車を売りに出しただけで、即退団と結び付けられた。だが、ジョンソンが惑わされることはなかった。黒江からの手紙は最後、このように結ばれていた。

「君が素晴らしい二塁手であることはチームのみんなが認めている。巨人にとって大切な選手なんだ……」

ペナントレースが終わりに近づくにつれプレッシャーのかかる試合が多くなるなか、ジョンソンは巨人軍のユニフォームを着たチームの一員として、自分が常にチームのために何ができるかを考え、実践し、一年前のような弱音を吐くようなことはすっかりなくなっていた。まわりはこれを「ジョンソンの変身」と呼んだが、その変身ぶりを見てようやく肩の荷が下りたと感じたか、またはそのことによって長きにわたる緊張の糸がプツリと切れたか、「九月二十三日の朝、チームの名古屋遠征に帯同するため自宅を出た佐伯常務が東京駅へ向かおうと車に乗った途端、突然大量の鼻血を出してダウン……大事をとって休養することに……」とのニュースが報知新聞の片隅にひっそりと掲載されたことも併せてここで心に留めておきたい。

そして実りの秋、十月。追いすがる阪神を背中に感じつつ優勝へのマジックを「1」とした巨人は十六日、広島球場へと乗り込んだ一三〇試合目のシーズン最終戦に、広島相手に五対三と勝利を収め、前年の屈辱の最下位から一気に頂点へと駆け上る奇跡の大逆襲優勝を完遂させた。

一対三で二点をリードされた六回表、巨人は王のライトスタンドへ運ぶツーラン本塁打で同点に追いつくと、一死後、今度はジョンソンがレフトスタンド上段へ第二十六号ソロを放ち勝ち越しに成功。その後、連打で一点を追加し、このリードを先発、加藤初をリリーフした小林繁が最後まで守りきった。

「本当にうれしい。みんなの力で優勝したのだから私個人のコメントはない。でもチームの優勝に少しは貢献できたと自負している」

優勝を決める試合で決勝点となった値千金の本塁打を打ちながら、何と慎み深いジョンソンのコメントか。

契約延長交渉破談、そして退団

大リーグにはない優勝監督の胴上げという儀式。節分の豆まきからはじまった昭和五十一年シーズンのジョンソンの異文化体験は紆余曲折、確執もあったこの長嶋の胴上げをもって大団円のうちに幕を閉じた。しかし、終わりよければすべてよし……とはならなかった。

巨人軍の義務は勝利することにある。勝利とはすなわち日本一になること。リーグ優勝止まりでは、巨人軍にとっては敗者なのだ。

迎えた阪急ブレーブスとの日本シリーズ。巨人はいきなり三連敗を喫し崖っぷちに立たされるも、そこから起死回生の三連勝で逆王手、決戦を最終第七戦へと持ち込んだ。しかしこの第七戦に二対四で破れ、惜しくも三年ぶり日本一奪還の夢は叶わなかった。とはいえ、この短期決戦においても、七点差をつけられた敗色濃厚の試合を引っくり返す大逆転勝利を見せるなど、振幅の大きい長嶋ジェットコースター野球はシリーズにおいてもその健在ぶりを見せ、ファンを大いに喜ばせた。

ただそんななか、シーズン終盤《けん引車》とまで称えられたジョンソンは、このシリーズでまったくの精彩を欠いてしまった。

第一、二戦をノーヒットで終わると第三戦はスタメン落ち。結局シリーズトータルでは十三打数無安打、三振六という惨憺たるフィナーレは、長嶋・ジョンソン間にぶりかえした再度の相互不信によるものだった。

ジョンソンが調子を崩したとされる原因、それはシリーズ直前、多摩川グラウンドでの練習内容にあった。これは長らく日本野球とアメリカ野球の違いとして議論されることの多い話題のひとつであるが、本番に臨む際、ギリギリまで気合を入れた練習をするのか、それとも本番に余力を残した調整程度の練習をするのかの違いである。しかも運の悪いことにこのときの多摩川には雨が降っていた。強く激しく、いわゆるひとつの豪雨。

それがどうした。気合を見せろ。闘魂こめろ。

グラウンドには取材に訪れた記者、カメラマンが百名近くいた。巨人のナインは泥にまみれてノックのボールに飛びついた。もちろん背番号5も例外とはされなかった。のち発熱、扁桃腺肥大。

「今日は試合前の練習を軽めにさせてもらえませんかね」

「どうした?」シリーズ第一戦当日。

「試合前に体力を消耗したくないんです。できるだけ力を蓄えてゲームに出たいんです」

秋晴れの後楽園球場。開門前のまだ人気《ひとけ》のないスタンドを背に、柴田が、高田が、張本が……巨人軍のホーム用の白いユニフォームに着替えたV1戦士たちが日本一めざし、ロッカールームから試合前のウォーミングアップのため次々とグラウンドへ姿を現す。この時期まで野球ができるのは何と幸せなことだろう。選手だけではない。長嶋も、杉下も、国松も、黒江も、監督、コーチ、みなやる気満々だ。

おい、デービー? 何をしてる。さあ、行こうぜ。ランニングだ。ノックだ。バッティングだ。どうした。気合を見せろ。闘魂こめろ。

ジョンソンは当初の二年契約を満了した。二年目の成績は一〇八試合出場、打率二割七分五厘、打点七四、本塁打二六。ベストナインに選ばれた。得票数一七〇は二位のシピン(大洋)十四票を引き離してダントツ。ダイヤモンドグラブ賞も受賞した。得票数四七は二位の中村勝(阪神)五票を引き離してこちらもダントツ。よって翌三年目に向けて再契約、ありやなしや。日本シリーズ終了後、チームとジョンソンとのあいだで話し合いの場が持たれた。少なくとも巨人は契約の延長を申し出た。ただし現状年棒の二〇パーセントダウン、八万ドル(当時のレートでおよそ二千三百万円)というかたちで。

このときジョンソンに大リーグ復帰の意思がなかったわけではない。ただ年齢のことを思えば将来的なことも考えておかなければならなかった。指導者への道。この二年間の体験で、日本の若い選手たちにもっと「ベースボール」の素晴らしさを伝えたい、教えたい、指導したいという気持ちが心のなかで芽生えはじめていた。ゆくゆくは日本でコーチ業に携わりたいとも。

日本では確かに不愉快な思いをさせられたこともあった。だが、それはすべてではない。親切にしてもらったこと、いい思いをさせてもらったことがそれ以上にあった。日本人のことは好きだし、巨人のチームメイトも好きだった。だから年棒のダウン提示についてはさして問題ではなかった。そんなものはいい成績を残せば、追加の出来高払いにしてくれればいい。最大のネックは起用のされ方だった。

自分は途中交替させられるのをいたく嫌っていると長嶋には常々訴えてきた。長嶋は約束し、いっときそれを守り続けてくれたが、最後の最後、大事な日本シリーズになってそれを反故にした。ジョンソンはそれを大変な裏切り行為だと感じた。傷つけられたと腹を立てた。そもそも調子を落としたのはシリーズ直前の雨天の多摩川練習にあったわけだし、体調不良の身にもかかわらず、試合当日にも通常練習に駆り出され、そのうえスタメン落ちあり、途中交替ありと、どれだけ恥ずかしい思いをさせられたかわからない。冗談じゃない。こんな扱いを受けるのは二度とゴメンだ。だから監督がこのことについて謝罪し、今後再びそうした起用をしないと約束するのなら、いいでしょう、例え三〇パーセントのダウンだとしてもその条件を受け入れましょう。でも二度とラインナップから外さないでもらいたい。代打を出さないでもらいたい。自分のやり方に干渉しないでほしい。その代わり、必ず期待に応えてみせる。

このとき交渉の窓口に立ったのは再びいつもの佐伯球団常務だった。佐伯は「わかった。検討させてもらおう」とジョンソンに伝え、ジョンソンはアメリカへと帰国し、巨人軍ナインと球団関係者はV旅行のハワイへと旅立った。

だが、アメリカの地で待てど暮らせど「この交渉内容は内密に」と釘を刺されていたジョンソンの下に佐伯からの連絡がいっこうに入らない。すると年の明けた昭和五十二年一月早々、突然、日本の主要新聞各社が「ジョンソンが年棒二十万ドル(当時レート、約六千万円)と五年間の長期契約を要求」と一斉報道。併せて巨人軍はこの法外な要求に応じる意思は毛頭なく、「あまりに非常識」「王ほどの実績でやっと年棒二十万ドルプレーヤーの仲間入りだというのに」代わりに来季は新しい外国人選手を獲得して臨む意向であるとの旨も公にした。ジョンソンにとっては寝耳に水の一方的な守銭奴呼ばわりである。

それだけではない。その後、巨人に再契約の意思がないと見た近鉄バファローズ(当時)が「ウチに移籍してやる気はないか」と話を持ちかけてきた。怒りに燃えていたジョンソンは「それなら巨人を見返してやる。オレをクビにしたのが間違いであったことを証明してやるんだ」「年俸は五万ドルだっていい」「ホームラン四十本打ってやる」とすっかりその気に、この申し出を受ける腹積もりになった。

ところが、しばらくするとその近鉄球団から「たいへん申し訳ないのだが……」といかにも歯切れの悪い、前言を撤回する連絡が入った。抵抗勢力、この移籍を快く思わない球団から圧力がかかったというのだ。言わずもがな、その球団が日本のプロ野球界全体に甚大な影響力を誇っているのは誰もが知る通り。その意に逆らっては、将来への支障が予測される。

「そのようなわけで……ミスタージョンソンには申しわけない。ついては甚だ遺憾ながら、今回のこの話は……ソーリー、ソーリー、ベリーソーリー……」

巨人はジョンソンに対して最後まで沈黙を守り続けた。このとき歌謡界では内藤やす子が新人賞を総なめ、「想い出ぼろぼろ」が大ヒットしていた。

第二章　アメリカンイヤーズ

(1)選手編

大リーガーになるまで

さあ、これからだ。オレの本当の力を見せてやる——

意気込み阻まれ志半ば、わずか二年で終わるかたちとなったデーブ・ジョンソンの日本プロ野球界での生活。日本のファンがこの鳴り物入りでやって来たアメリカ人選手のプレーを直接グラウンドで見ることができたのはこのたった二年しかなかった。

当然、これだけでこの選手の野球人生を語ることなどできない。なにしろ当人はテキサス生まれのアメリカ人であり、人生の基盤となる年月のほとんどすべてをアメリカ合衆国という国に依存して生きている人間なのだ。

選手として、監督として、双方の立場でワールドシリーズ・チャンピオンの栄冠を手にした男は第一線を退いたあとにもベースボール競技の普及に努め、国内のみならず、国外チームの指導にも尽力を惜しまなかった。そしてその実績を認められ、フロリダにある自宅で悠々自適、隠居生活を決め込んでもおかしくない年齢にあっても、それを望んでも叶わない他の野球界OBが多数いるなか、現場復帰を請われたりもした。ジョンソンはいつも誰かに必要とされていた。

続くこの章ではそうしたデーブ・ジョンソンその人の実像の一端に迫るべく、改めて知ってるようで知らない、知らないようで知ってる、知っていたけれど忘れた、知らないようで本当に知らない、巨人在籍時以外の足跡を簡単に振り返ってみたいと思う。

一九四三年一月三十日フロリダ州オーランドに生まれたデーブ・ジョンソン、本名デイヴィッド・アレン・ジョンソン(David Allen Johnson)は、幼少時代、陸軍士官だった父フレデリックの赴任先の移動に伴って、国外(ドイツ)、国内(ジョージア、テキサス、ワイオミングなど)のさまざまな土地をめぐりながら暮らして育った。長嶋茂雄は一九三六年生まれ、張本勲は一九四〇年生まれ、山本浩二、田淵幸一は一九四六年、星野仙一は一九四七年生まれということで、年齢はONより下、山本、田淵、星野らよりは上という関係になる。

アメリカの子どもの多くがそうであるように、ジョンソンもまたベースボールをプレーしながら少年時代を過ごした。本格的にベースボールの魅力に目覚めたのは一九五五年、テキサス州サンアントニオで暮らしていた十二歳のときだった。サンアントニオはテキサス独立のためメキシコ軍と戦ったデービー・クロケットの亡くなったアラモ砦のある場所として、今でも歴史名所として多くの観光客を呼び寄せる著名な町である。

この年の(当時ブルックリン・)ドジャース対ヤンキースのワールドシリーズは、とりわけドジャースのファンにとっては一生の宝もの、思い出に残る最高のワールドシリーズであったといっていいだろう。ジョンソン少年の心に深く刻まれたこのシリーズのハイライトは、三勝三敗で迎えた第七戦、七回裏ヤンキースの攻撃のときだった。このとき得点は二対〇、ドジャースがリードするもその差はわずか二点だった。

この回ヤンキースは無死一、二塁のチャンスを作り、続くヨギ・ベラの放った大飛球はヤンキースタジアムのレフトライン際をめがけ飛んで行った。

「やられた!」ドジャースファンが思わず覚悟した。

だが次の瞬間、視界の隅からこのボールに向かって何者かが猛チャージして来るのが飛び込んできた。その回からレフトの守備についていたサンディ・アロモスだった。疾風のごとくフェンス際まで駆け寄ったアロモスが力いっぱい右手を伸ばすと、その先、ボールは伸ばしたグラブの先端ギリギリのところに収まった。完全に抜けると判断していた二人の走者は踵を返し慌てて塁に戻ろうとするが、ひとりが戻りきれず、ボールは一塁に送られてダブルプレー。ヤンキースのチャンスは一瞬にして潰え、後続の打者も倒れたためこの回得点をあげられなかったばかりか、以降ヤンキースは得点をあげることができず、結局、試合は二対〇のままドジャースが逃げ切り勝利し、ドジャースはワールドシリーズ八度目の挑戦でようやく世界一の座を掴み取ったのであった。

「これを見て、自分も絶対大リーガーになるんだと思ったよ」

この試合、このプレーをサンアントニオの自宅のテレビで見ていたジョンソン少年は、胸の奥にこみ上げてくる何か熱いものを感じた。四十数年後、このドジャースのユニフォームを着ることになったときのジョンソンの顔に浮かんだ子どものような喜びと興奮は、おそらくこのときの思い出が作り出したものであったろう。

地元アラモハイツ高校へと通った高校時代には身体能力の高さを発揮し、野球以外にもバスケットボールの選手としても名を馳せるなど、大学進学に際してはバスケットボール特待生としての誘いも受けるが、彼は野球を選び、同じ地元のテキサスA&M大学へと進学する。当初、大学では獣医になるための学科を選択していたが、二年を過ごしたところで単位取得と野球との両立が難しいと考え、さらにはアマチュア・フリーエージェント選手として大リーグ、ボルチモア・オリオールズに入団することが決まり、ここで一旦大学を離れる決意をする。

それでも何とか大学卒業だけは果たしたいとするジョンソンは、マイナーリーグでプレーしながらジョンズ・ホプキンス大学(ボルチモア)等に学び、そして最終的に一九六四年、トリニティ大学(テキサス)で数学の学士号を取得し卒業。翌六五年四月十三日には念願の大リーグデビューを飾り、刻苦精励、見事「二刀流」を完遂させたのであった。

ボルチモア・オリオールズ　アトランタ・ブレーブス

オリオールズ時代のジョンソンは野球選手としてたいへん幸福な日々を送った。レギュラーに定着した一九六六年にいきなりワールドシリーズ制覇。六九年から七一年まではリーグ三連覇で、七〇年は二つ目のワールドチャンピオン・リングを獲得。チームメイトに、フランク&ブルックスの両ロビンソン(野手)、ジム・パーマー(投手)ら、投打ともにオールスター級の選手に囲まれ、監督もアクは強いが博識でもある名将アール・ウィーバーとくれば、一流選手、優秀な指導者になるため知識と技を学ぶにこのうえない環境にあったといえる。このとき学んだ経験が、のちのジョンソンの野球人生にどれだけの影響を及ぼしたかは想像に難くない。そしてジョンソン自身も、このときから将来の指導者像を髣髴させるような、そんな能力の片鱗を覗かせる。

さすが数学の学士号を取るだけあって当時からコンピューターに慣れ親しんでいたジョンソンは、統計学を利用して自らが考案したデータ野球のオーダー"Optimize the Orioles Lineup"をプリントアウトして監督ウィーバーに持って行ったり——「アール(ウィーバー)はすぐにゴミ箱に投げ込んだけどね」(ジョンソン)——あるときデイブ・マクナリー(投手)の調子がさっぱり上がらず、その原因がピッチャープレートに置く足の位置にある(マクナリーは常にプレートの真ん中に軸足を置いて投げていた)と推測するや、投手仲間のジム・パーマーにこう示唆した。「標準偏差っていうのを聞いたことがあるかい?　数学的理論さ。もしコーナーを狙って投げたのが真ん中にいくんだったら、真ん中を狙って投げさせればいい。そうすれば必ずコーナーに決まるよ」

またジョンソンの日本との縁は、このオリオールズの時代からはじまっている。

七一年秋、ジョンソンは当時「最強軍団」の呼び声高かったこのオリオールズの一員として日米親善野球のため来日。出場十五試合での成績、打率二割五分は平凡だが、守備では超一流のプレーを見せ、対戦成績十二勝二敗四分、オリオールズ圧勝の一翼を担った。

そして七三年、オリオールズからアトランタ・ブレーブスへと移籍。するとそれまで十八本が一シーズン最高の本塁打数であったジョンソンが、いきなりこの年、四十三本と打ちまくり、二塁手としての大リーグ記録（一本は代打としての記録なので四十二本が二塁手としての記録）を塗り替えた。この覚醒の背景をブレーブスのチームメイトだった二人は次のように語っている。

まずは世界のホームラン王ハンク・アーロン、

ジョンソンはグラブさばきのうまい選手だったが、アトランタに来るまでは、けっしてホームラン・バッターではなかった。オリオールズの選手は大抵重いバットを使っていた。フランク・ロビンソン監督が現役時代に重いバットを使っていたからだ。そこで、私はデイブ・ジョンソンに「ナショナル・リーグでは軽いバットのほうがいいよ」とアドバイスした。速球投手が多いからだ。彼は速球を打ちこなし、アトランタのホットな空へポンポン打球を飛ばした。誰もがその結果に驚いたが、最も驚いたのはデイブ本人だっただろう。

（*I HAD A HAMMER*『ハンク・アーロン自伝』佐山和夫訳、講談社）

続いて、ナックルボールの使い手フィル・ニークロ、

ここの球場は各チームのバッターたちが launching pad（ロケット発射台）と呼んでいるところでな。まるで warhead（弾頭）みたいにタマがよく飛んで、ボカスカ、ホームランが出るのだよ。タマが空気によく乗るんだ。とにかくふしぎな球場でナ、海抜一千フィートの球場だが、やはり上空の気圧なんかの関係らしい。

むろん、ホームランはこの球場が一番高い結果になっているよ。その証拠にだね、オレの仲良しのデイブ・ジョンソンが、アトランタ・ブレーブスに入ったとたんに、年間四十二本のホーマーをかっとばしたからな。それまでは十八本がやつの最高だったんだから、いかにホームランの出やすい球場かわかるだろう。なに？　ジョンソンて、あのジャイアンツにいたジョンソンかって？　そうだよ。数年前までヨミウリ・ジャイアンツで活躍していたあのジョンソンだ。オレのグッド・フレンドなんだ。

（*AS AMERICAN AS APPLE PIE*『気分はグッとアメリカン』平尾圭吾、講談社）

突然の狂い咲きのわけは軽いバットと空気の薄さにあった。ブレーブスの本拠地ジョージア州アトランタは、一九九三年にコロラド州デンバーにコロラド・ロッキーズが創設されるまで全フランチャイズ球団のなかで最も高地に位置する都市で、フルトンカウンティスタジアムはボールのよく

飛ぶ球場として広く知られていた。

とはいえ、ブレーブスに移籍してきた選手が必ずしもみなホームランを激増させたわけではない。とすると、ジョンソンには元々長距離砲としての資質が備わっていて、それが環境の変化によって一気に顕在化したと解釈できなくもない。しかし開花期間はプレミア限定の一年であったようで、移籍三年目の翌七五年は、わずか一試合に出場しただけで、開幕早々ブレーブスから解雇されてしまう。

オークランド・アスレティクスなどアメリカの複数の球団が獲得の興味を示すなか、ここでジョンソンは移籍先に太平洋を越えた異国の地、日本国は東京読売巨人軍を選ぶことになる。決め手になったのは奥方の心強い後押しがあったためと本人は語るが、七一年日米野球で訪問したときの印象もよかったのかもしれない、そんなことから彼は巨人軍との入団契約がまだ正式に発表されない段階から「オレはこれからトウキョウ・ジャイアンツでプレーするんだ」と嬉しそうに周囲に触れ回っていたという。

日米両国のプロリーグで野球をした経験を持つ選手は珍しくはないが、ただ一人ジョンソンだけが持つ、本人も自慢の珍しくも貴重な記録がある。アメリカでは、一九七四年四月八日、アトランタ・フルトンカウンティスタジアムで、ハンク・アーロンがベーブ・ルースの通算ホームラン記録七一四本を超える七一五号を達成している。日本では、一九七六年十月十一日、王貞治が後楽園球場で同じく通算七一五号のホームラン記録を達成している。

そう、ジョンソンはこの日米野球界の歴史的両場面の瞬間に、記録達成者と同じユニフォームを着てグラウンドにいた、世界でただ一人の選手なのである。かつ、この両ホームランキングと同じオーダーに並び、クリーンアップを組み、直後を打った経験のある世界で唯一の選手でもあるのだ。サダハル・オーはアメリカでも有名とあって、この小ネタはアメリカ現地のテレビ中継でジョンソンが映し出される際、必ずといっていいほど語られる無二のジョンソンの経歴である。

聞けば「そうか、そういえばそうだったな」と納得できる世代は別として、そうでない世代、それよりもっと若い世代には、自分が知るこの翁にそれほど驚くべき誉れ高き過去があるとはなかなか信じられない者も多いという。

したがって、ジョンソンは大リーグを取材に訪れた日本の報道陣を前にこう苦笑してしまう。

「私が言ってもなかなか信じてもらえないんだよ」(だからキミたちからこのアメリカの若い選手たちに教えてやってくれないかなあ)

(2)指導者編

指導者への道

巨人軍退団後の一九七七年、ジョンソンはフィラデルフィア・フィリーズと契約を交わし大リーグに復帰。翌七八年途中、シカゴ・カブスへと移籍し、この年を限りに現役選手生活に別れを告げた。痛めた背中と主に代打での起用という出場機会の減少(七七年は七十八試合、七八年は二球団合わせて六十八試合)に、「パートタイム選手では飽き足らなかった」というのがその理由だった。と、ここから先、野球界から完全に身を引き、第二の人生を別の分野に求めていていたなら、この選手の名前が今あるようなかたちで日本にまで伝わってくることはなかっただろう。日本に残って若い選手の教育をしたいと考えていたことや、自案のオーダーを監督に進言していたところからも察せられるように、ジョンソンには指導者的立場、コーチ、監督業に高い関心があった。

そこで故郷フロリダに戻ったジョンソンは一九七九年、カリブ海諸国で構成された新リーグ、インターアメリカン・リーグ(3A級)の発足を機に、そこで新たに創設されたチーム、マイアミ・アミーゴスで仕事をする機会に恵まれ、プレーイングマネジャーとして活躍する(チームには一九七六〜七八年に阪神で活躍したハル・ブリーデン、七九〜八二年に西武、南海で活躍したジム・タイロンもいた)。

「まるで国際的なスターだったね、ぼくは。カリブ周辺をくまなく巡ったからなあ」

財政難からリーグは初年度後期シーズンがはじまって間もなく消滅の憂き目にあってしまうが、その時点まで首位の座にいたのはこのジョンソンが陣頭指揮するアミーゴスだった。

その後、マイナーリーグ(1A級)の仕事を経てニューヨーク・メッツから声がかかったのは八一年のこと。まず手はじめにテキサス・リーグの傘下、ジャクソン・メッツの監督を務めるとここでも二年続けてトップの戦績を収め、続く八三年、今度はタイドウォーター(3A級)の監督に空きが出たということでそちらに就任するや、これまたいきなりAAAワールドシリーズを制覇。行く先々でことごとく勝利をもたらす高い指導力は、いよいよ念願中の念願、組織最上部のニューヨーク・メッツの監督要請を受けるまでに登りつめることとなる。

ニューヨーク・メッツ

ジョンソンが監督に就任する一九八四年までの過去六年間、メッツは、当時ナショナル・リーグ東地区全六球団中、五位が一回、六位が五回とこの下ないチーム状況にあった。

「データは悪くないけど、実のところ誰がいる? スターンズは故障続きだし、セカンドとショートはマイナーリーグ級、ブルックスは集中力に欠ける。ムーキーはいいが経験不足。ライトはレギュラーが決まりさえしない。もちろんラスティはいるけど、あの太りようじゃもう走れない。それに投手陣ときたら、言うだけ無駄。俺とあんたで明日、シェイに行ったら、即先発で雇ってもらえるぜ」「あんたは監督がいいかも」とカウンター係が言った。「あの阿呆どもに活、入れてやるといい」

これはニューヨークを舞台にしたポール・オースターの小説『ガラスの街』(柴田元幸訳、新潮社)に出てくるメッツファン同士の会話である。地元ファンの期待を大きく裏切り続けていた様子と悲哀がおかしくもひしひしと伝わってくる。

球団はそこでマイナーリーグ監督歴わずか三年ながら、それでも実績十分のジョンソンを内部昇格させた。「ぼくには、成長株の選手を見分ける能力と、根性と強い自信が備わっていることが彼らにわかってもらえたんだろうな。それにひと味違った人物を必要としていたのも事実だと思うよ」

ジョンソンにはマイナーリーグでともに戦ってきた才能ある選手をはじめから掌握できる利点があった。外野手のダリル・ストロベリーをはじめ、とりわけゲームの勝敗を支配する重要な投手陣、ウォルト・テレル、ロン・ダーリング、そしてドワイト・グッデンである。

まず就任最初のシーズンは再建の年と位置づけ、ベテランに頼っていた投手陣に若手を、少なくとも三人入れるのを目標とした。若い投手が育てば、翌年以降チームはさらなる飛躍を遂げることができる。八三年のシーズンを六十八勝の最下位に終えたメッツは、ジョンソンが指揮を執ることになった八四年に九十勝を上げ一足飛びに二位へと躍進した。

そして翌八五年に九十八勝とホップの次はステップと勢い止まらず、ジャンプを目論んだ三年目の八六年には大台越えの一〇八勝を上げメッツは地区優勝。プレーオフも西地区の覇者、ヒューストン・アストロズを撃破して七三年以来、十三年ぶりのワールドシリーズ進出を果たした。さらに勢い止まらずボストン・レッドソックスと対決した世界一決定戦では、先に王手をかけられながら第六戦で奇蹟の大逆転勝利を収めると、流れそのまま最終戦でも勝利を呼び寄せ、六九年以来球団史上二度目のワールドチャンピオンに見事輝いた。

ニューヨークの歓喜、ボストンの悲劇で幕を閉じたこのシリーズはいまだにアメリカのファンのあいだで語り草だが、日本のファンのなかにも、巨人を退団後、久しぶりにジョンソンの姿を見たのがこのときの映像が最初だったという人は多いのではないだろうか。

最大の見せ場、勝負の分岐点はレッドソックスが三勝二敗とシリーズを制するまであと一勝と迫っていた第六戦にあった。三対三の同点で迎えた延長戦十回表、レッドソックスは二点を勝ち越し、その裏、メッツの攻撃も二死走者なし。あとアウトひとつで「バンビーノの呪い」が解ける瞬間がやって来る。テレビ映像はこのときメッツの監督としてベンチに座る青いウィンドブレイカーを着たジョンソンの姿を捉える。その表情は心なしかさびしげだ。レッドソックスの勝利、シリーズ優勝は目前だった。

しかしメッツはここから三連打とワイルドピッチで同点に追いつくという驚異的な粘り腰を見せ、なお走者ひとりを二塁に置いて一打サヨナラの場面を作った。打席に立つは俊足巧打のムーキー・ウィルソン。フルカウントまで粘った末、ウィルソンのバットから放たれた打球はボテボテのゴロとなってレッドソックスの一塁手、ビル・バックナーの前へと転がった。メッツの反撃もここまで。延長戦だ。その場面を見ている誰もがそう思った。

このあとに起こった出来事を多く語る必要はないだろう。いまだ事あるごとに取り上げられるワールドシリーズ史上最も記憶に残るプレーのひとつ。このシリーズの最終戦でメッツが優勝を決めた瞬間よりも、より多くの画像と映像が流布しているのではないかと思われる信じがたきこの一場面。バックナーは難なくゴロを捌き、そのまま自ら一塁ベースを踏んでスリーアウト・チェンジ。

万事休す。試合は延長十一回、レッドソックスの攻撃へと——というのは映画『ライフ・イズ・ベースボール』(マイケル・ホフマン監督、二〇〇五年)の主役、レッドソックス信徒のニック(マイケル・キートン)が見た幻覚である。

現実は、ボールはバックナーの股間を抜け、それを見た二塁走者のレイ・ナイトが「信じられない」といった顔つきでヘルメットを両手で押さえながら一気にホームイン。ミラクル・メッツの面目躍如、土壇場でメッツは逆転サヨナラ勝ちを収め、シリーズの流れを完全に我がものに引き寄せたのであった。

ニューヨークを舞台に続いて行われた翌第七戦、このバックナーが第一打席に入ったとき、シェイスタジアムを埋め尽くしたメッツファンから万雷のスタンディング・オベーションが沸き起こったという。

後日談。アメリカのあるテレビ局が二〇一一年、この歴史的ワールドシリーズの二十五周年を記念して当事者のバックナーとジョンソンとの対談番組を企画した。ここでジョンソンは司会の元ヤンキース、フラン・ヘンリーからの質問「あのときバックナーに同情の念を覚えたかい?」に対して、「そんなわけないだろ。本当に嬉しかったよ」と満面の笑みで答えている。「でも、バックナーをあのプレーだけで評価すべきではないね。彼は偉大な打者であり、守りの名手でもあったんだから」

バックナーにはこのときもうひとつ、新たに独立リーグの監督に就任するという話題があった。監督業成功の秘訣をいろいろとアドバイスしたあとジョンソンは「彼は選手の気持ちを理解できるいい監督になると思うよ。きっと成功する。楽しみだね」ときれいに話を結びつつ、「でも、できればメッツに来てほしかったなあ。そうすれば大勢のマスコミを集められたのに。八六年もメッツを助けてくれたんだから、今度だってまたきっとそうしてくれたはずだよ」

得意のジョークで締めくくり、スタジオを笑いの渦に包み込んだ。

世界一達成のあとにも一九八八年、八九年と二年連続でナショナル・リーグ東地区を制したメッツ。しかしプレーオフでロサンジェルス・ドジャース、サンフランシスコ・ジャイアンツと西地区を勝ち上がってきたそれぞれに敗退を喫し、二度目のワールドシリーズ進出はならなかった。

一九九〇年シーズン途中、四十二試合を消化した時点で二十勝二十二敗、わずかふたつの借金ながら成績不振を理由にジョンソンは解任される。遠征先、シンシナティで聞いた突然の通告だった。

「メッツは、ぼくにマスコミには黙っているように言ったんだ。だから裏のドアから出て行ったよ。傷ついたね」

チームキャプテンを務めていたキース・ヘルナンデスは当時を振り返りこう語る。

「デービーは決して政治的な男じゃなかったな。もっと評価されてしかるべきだと思うよ。なにしろ、あれだけだらしのなかったメッツを優勝するまでのチームに仕立てたんだからね」

何事に対しても決して譲ろうとする気持ちのない人は、真理以上に自分を愛している。しかしジョンソンは決してそうした類の人間ではなかった。己のステイタスを高めるためでなく、選手たちにベースボールの素晴らしさ、喜びを知ってもらうために勝利を目指す。それがジョンソンの指導者としての在り方だった。ジョンソンの向かおうとする監督像は、このメッツ時代からすでに確立されていたといっていいだろう。

シンシナティ・レッズ

今でこそ当たり前とされるコンピューターを駆使したデータ野球。デーブ・ジョンソンはこの数学的論法を野球界に持ち込んだ先駆けの人物と謳われ、若き知的な戦略家として万年最下位だったニューヨーク・メッツを常時優勝争いに参加できる勝てる集団へと変貌させた。

だが、一チームを優勝させただけでは「知将」ではあっても「名将」とまでは見なされ難い。異なる複数のチームで優勝してこそ「名将」と呼ばれるに相応しい称号を手にすることができる。それがスポーツ界、こと野球界における慣わしである。

何の因果か知れないが、メッツを解任されたジョンソンが次に請われたのは、一九九〇年のシーズン途中に解任の報を受けたときの遠征先相手チーム、シンシナティ・レッズであった。しかもまたこれが一九九三年シーズン途中、開幕から四十四試合二十勝二十四敗とわずか四つの負け越ししかない、さして監督交代の必要性も感じられないチームを引き継ぐという何とも奇妙な巡り合わせだった。

もっともレッズには一年前から監督候補として名前が挙げられており、そのまま顧問としてフロント入りしていたのであるが、このシーズン途中での突然の現場復帰に「メッツをクビになった場所は、忘れもしないこのシンシナティ。また胃の痛みがぶりかえすよ」と就任発表の場でいきなりの自虐ジョークで自らを祝した。前任のトニー・ペレスはレッズ一筋二十七年。選手のあいだからも、ファンのあいだからも人望厚く、残りのシーズン、抗議の意味を含めて選手たちがペレスの背番号24をユニフォームに書き込んでプレーしたほどであった。

さすがにこれではやりにくかったか、ジョンソンが後任として指揮を執った試合でも五十三勝六十五敗と勝ち越すことができず、チームは最終成績七十三勝八十九敗とナショナルリーグ東地区(当時全七球団中)五位でシーズンを終えた。

しかし、リーグ三地区制となった翌九四年は開幕から快調に飛ばし、選手会のストライキ突入で結果的に最後となった八月十一日の試合終了時点では、六十六勝四十八敗の中地区首位をキープ。無念のシーズン途中の打ち切りに「ストがスケジュールに上がってからは、正直言って、あせりのような気持ちはあった。ストになるんだとしたら、なんのために試合をしてるのかって考えたりすることもあった。金の問題で野球が止まってしまうなんて考えられない。野球は僕にとって、単なるビジネスじゃなく、生きることそのもの、Way of Life なんだ」。先発投手陣五人のうち三人にケガ人を出しながら、それでもトップを堅持できた満足と野球を続けられない虚しさを、ジョンソンは同時に滲ませた。

越年したストライキがようやく解除され、一カ月遅れの開幕となった九五年はいきなり出鼻を挫かれる六連敗。球団ワーストタイ記録の苦しいスタートとなったが、名物オーナーのマージー・ショット女史が、死んだ愛犬の毛で選手たちにおまじないをかけるや、不思議とチームの調子が上向き連勝し、七点差あったゲームを終盤で大逆転するはで、四十試合を消化するあたりからチームは首位を独走しはじめた。

大リーグではこの年から新たにリーグ内の再編成が行われており、それまでの東西二地区制から東中西の三地区制に移行されていた。ここでポストシーズン・ゲームに進出できるのはそれぞれの地区優勝チームと、各地区二位のなかでの最高勝率チーム(ワイルドカード)。この新たな制度への対応に不慣れがあったか、九月二十二日の試合前、実はレッズは数字上このときすでに地区優勝を決めていたにもかかわらず、それに気づいていたのは一部の者だけ、チームへは公式に伝えられていなかったという大リーグ機構あげての大失態があった。公式戦の趨勢に影響がなかったからいいようなものの、結果、シャンペン配達業者だけを大わらわさせた一日遅れの祝勝会が関係者苦笑いのなか執り行われたのであった。

プレーオフ地区シリーズでは西地区優勝のドジャース相手に三連勝「Sweep」を喰らわせ勝ち進むも、リーグ優勝決定シリーズでは逆にアトランタ・ブレーブスに四連敗「Swept」を喰らいあえなく敗退。残念ながらワールドシリーズ出場の念願は叶わなかった。それでも低迷を続けていたレッズを地区優勝まで導いたジョンソンの手腕は、地元メディアやファンのあいだからは高い評価を受けた。しかし球団の描く翌年に向けてのチーム構想に、ジョンソンの名前は入らなかった。公式戦のさなかから決定的と噂されていたジョンソン解任の報は、シーズン終了後そのまま現実となって公にされたのである。

結果を残しているのになぜ？　疑問を念頭に置きつつ、とりあえずここでは話を先に進める。

ボルチモア・オリオールズ

ジョンソンに休職待機期間はなかった。翌九六年、レッズ退団を待ち構えたように声をかけてきたのが、古巣ボルチモア・オリオールズだった。オリオールズはかねてから自チームのＯＢでもあるジョンソンに目をかけており、まだレッズ在任期間中であった一九九四年オフにも一度ジョンソンと面談を行うなどして、こうした機会が来るのを伺っていた。ただし、オリオールズの場合は、それまでのメッツやレッズのように低迷するチームの再建役として招かれたのとは少々事情が違っていた。

オリオールズは、トロント・ブルージェイズを二年連続ワールドシリーズ制覇に導いた敏腕パット・ギリックを新たにゼネラル・マネージャー（ＧＭ）に呼び寄せるその一方で、トレードやフリーエジェント市場からも名だたる大物選手を獲得、カル・リプケンら従来からいる中心選手と相まって戦力的に充実の布陣を整えていた。このチームでジョンソンに求められたのは建て直しではなく仕上げる能力、オールスター級の大人の選手を巧みに操る操縦術だった。

前評判の高かったオリオールズは開幕後、やはり評判通りの好調な出だしを見せるもシーズン半ばに入ると急失速の絶不調。それでもなんとか終盤戦で持ち直し、地区優勝こそヤンキースに譲りはしたが、ワイルドカード争いではトップに立ちポストシーズンゲームへの進出を決めた。原動力は破壊力満点の重量打線で、シーズン本塁打数二五七本は、チーム新記録だった。

そして中地区優勝のクリーブランド・インディアンスを、地区シリーズで三勝一敗と退けたあと迎えたリーグ優勝決定シリーズでのニューヨーク・ヤンキース戦。決戦のハイライト、このシリーズの流れを決める大きなプレーが第一戦のヤンキースタジアムで飛び出した。

メッツ時代のワールドシリーズ、ビル・バックナーのトンネルが「ミスター・ジョンソンのポストシーズン信じられない話(その一)」だとすれば、さしずめこれは「その二」といった位置づけになろうか。

試合は四対三とオリオールズの一点リードで迎えた八回裏ヤンキースの攻撃だった。この回先頭打者のデレク・ジーターの放った飛球は、オリオールズのライトを守るトニー・タラスコの頭上を襲った。大きな当たりではあったが、スタンドインするかどうかは微妙だった。フェンスに背中をつけたタラスコは打球の行方から目を離さず、「これなら捕れる」と判断してジャンプ一番、左手にはめたグラブをボールに向かって差し出した。

だが、着地したタラスコの左手にボールの感触はなかった。グラブは空だった。直前、別のグラブが目の前に伸びるのが見えたような気がした。すぐそばで右手をぐるぐる回してホームランのジェスチャーをするライトの線審がいるのが目に映った。スタンド最前列が何やら騒がしい。ひとりの少年の肩を周りの観客が嬉しそうに叩いてはやし立てている。何が起きたのか、すぐにわかった。

「冗談じゃない。あんた、今の見ただろう？　俺が普通に捕れた打球だぜ。あの子が俺の捕るのを邪魔したんだ！」

電光石火の勢いで間髪入れずジョンソンもベンチから飛び出す。こめかみの血管を浮き立たせてタラスコに加勢する。「いったいどこに目をつけてやがる！　ホームランだと？　どこがだ？　誰がどう見たって今のは守備妨害だろうが！」

抗議は執拗に続いた。繰り返し同じ場面をスロービデオで再生するテレビ放送。試合後、打ったジーターは記者にこう答えている。

「あの少年にありがとうと言いたいね」

先達アール・ウィーバーならずともここは簡単に引き下がってはいけない場面であることをジョンソンは十二分に承知していた。ゆえに退場。

同点に追いついたヤンキースはここから息を吹き返し、延長戦に入った十一回裏にサヨナラ勝ち。勝利をもたらした少年（当時十二歳）は「ヤンキー・エンジェル」と呼ばれ、同時に学校をサボって観戦に来ていた裏事情を表沙汰にされるもそれは結果オーライ。熱心なヤンキース信徒の学校長から「この際、許す」と不問に付されただけでなく、続く第二戦にはテレビ局の計らいでバックネット裏特等席に招待されるまでに至った。
果たしてヤンキースはオリオールズを四勝一敗で破りリーグ優勝を決めると、ワールドシリーズも当時の最強軍団アトランタ・ブレーブスを二連敗からの四連勝で逆転制覇。すべてはライトスタンド最前列に陣取ったこの少年のプレーからはじまったと、もっぱら今に語り継がれている。
とはいえ、敗れたオリオールズもこのリーグ優勝決定シリーズでは、ニューヨークで行われた次の第二戦をものにして一勝一敗のタイ、一旦はヤンキースに向かった流れを止めたかに思われたときもあった。
シリーズの結果を知る今となってはどうしても印象の薄れる試合であるが、この日の試合後のジョンソンのコメントはかなり「粋」な線を行っており、彼の人となりを知るうえで非常に興味深く思われるので、あえてここに記してみたい。
「ヤンキースがあの子にライトを守らせなかったからだ」――この日のオリオールズ勝利の要因を尋ねられて
「今度はボルチモアに移る。大勢のボルチモアの少年たちがわれわれのためにグラブを持ってスタンドに押し寄せるぞ」――ニューヨークから地元ボルチモアへ移る第三戦の抱負を聞かれ
この後トニー・タラスコは一九九九年ヤンキースへと移籍し、皮肉な因縁の続きを話題として提供してくれたうえ、翌二〇〇〇年には阪神タイガースの助っ人として来日。「あのときの、あのタ

ラスコが日本に来たか」「また誰か外野フェンスぎりぎりのところに打たないかなあ」と一部の日本のコアな大リーグファンの相好を崩させてくれた。

そして引退後の二〇一三年。タラスコはワシントン・ナショナルズの外野守備コーチとして再び大リーグのグラウンドに戻ると、一塁コーチャーズボックスに立つ大役をも任される。

ここまで言えばもうおわかりだろう。このときナショナルズの監督を務めていたのは、そう、デービー・ジョンソン。袖触れ合うも多生の縁とはこのことか。


オリオールズは翌九七年、公式戦一六二試合に九十八勝六十四敗の好成績を収め、堂々地区優勝。ジョンソンはチームを二年連続ポストシーズンの戦いの場へと導き、ナショナルリーグとアメリカンリーグの双方で成功した監督、「名将」としての地位を確たるものとする。が、ジョンソンはその年のすべての戦いを終えたあと、自ら辞任の意思があることを表明するのだった。

確かにリーグ優勝決定シリーズでは、クリーブランド・インディアンス(中地区優勝)を相手に二勝四敗と敗れ、前年同様ワールドシリーズ出場の目標は果たせなかった。しかしこの結果だけで「敗者」と見なすのはあまりに酷すぎる(ヤンキースではそうはいかないらしいが)。もともとオリオールズとは三年契約、もう一年間挑戦できる猶予が残されていた。しかも辞意を表明したその同じ日に、奇しくもアメリカンリーグ最優秀監督賞受賞決定という皮肉なおまけ付き。

結果を残しているのになぜ?(二度目)

誰もがそう思う疑問を地元メディアが追及しないはずがない。当然この舞台裏は――オフレコですよ。秘密です。まさにハッシュ、ハッシュ(ジェイムズ・エルロイ『ＬＡコンフィデンシャル』)――公然と白日の下に晒されている。

しかし、先のレッズ時代のものと合わせて、その話はまたあとで。

ロサンジェルス・ドジャース

オリオールズとはケンカ別れしたようなかたちになったとはいえ、ジョンソンの優勝請負人としての評価が下がるところはなく、またそんな監督を他の球団が黙って放っておくはずもなかった。オリオールズを離れた一年後の一九九九年、ジョンソンはそれまで現役選手時代に在籍したことのなかった、自身はじめての西海岸のチームへと招かれた。本拠地は当時の東海岸から西海岸へと移っていたが、それは少年時代、いつか自分もこの栄えある伝統のユニフォームを受け継ぐ一員になりたいと想い憧れていたチームだった。

ロサンジェルス・ドジャースは、このときブルックリン時代から続いていたオマリー一族から、多国籍複合メディア企業の最高経営責任者であるルパード・マードックの手による経営へと、球団はビジネス的に変換期を迎えていた。

また戦績を見ても、直近の十年にドジャースはポストシーズン試合に勝ち星なし。決して弱いわけではないが、目指すところまで到達できない。そんな中途半端なチーム状態にイライラを募らせていたところに、通算九八五勝七二七敗、勝率五割七分五厘は現役監督最高、歴代でも三位（一〇〇〇試合以上、記録はすべて当時のもの）というデービー・ジョンソンと三年、三億五千万ドル、現役監督としては最高額となる破格の契約。となればロサンジェルスの街がスモッグでなく、期待に包まれるのは自然の流れだった。

これに対しジョンソンも「ニューヨークにいたときみたいに、憂さ晴らしにラジオで愚か者呼ばわりされたり、悪者扱いされないで、いい思いばかりをしたいものだね」とロサンジェルスに呼ばれた喜びを無邪気に語り、ときを同じくして、チームが超大物フリーエージェントのケビン・ブラウン（投手）を獲得したと知らされると、「ワールドシリーズ第一戦の先発は決まった」などと、スプリングキャンプのはじまる前から気炎を上げる、気の早い自信のほどを伺わせた。

だが、このジョンソン政権一年目は惨憺たる結果に終わった。規律の見直し。ヒゲ、長いもみ上げ、アクセサリーを身につけてのプレーを禁じられたドジャースは、サーファーを辞めたサラリーマンのごとく、まったく波に乗ることができなかった。

トータル七十七勝八十五敗。首位のアリゾナ・ダイヤモンドバックスとは二十三ゲーム差の地区三位。本人の監督のフルシーズン記録としては、過去にない大敗的な成績である。唯一のハイライトらしき、五月の監督通算一〇〇〇勝達成記録も喜び半分「通算一〇〇〇勝よりも今年の一〇〇勝のほうが大事だ」。期待の大きさが、早速契約見直しの噂へと波及した。

三年契約の二年目でありながらもう後がないとされた続く二〇〇〇年も、八十六勝七十六敗、前年から九勝上乗せ、順位もひとつ上げた地区二位につけても、ワイルドカード争いトップのメッツから八ゲーム差、シーズン終盤にはすでにあきらめムードがロッカールームに蔓延していたとあっては、「これだけ年棒のかかっているチームが勝てなかったら、誰かが矢面に立たなければならないだろう」全日程が終了した時点で、監督自ら心の準備ができている匂いを漂わせた。サンディエゴで行われた最終戦が終わるやいなや、ジョンソンは直ちに釣竿の入ったカバンを手にメキシコへと向かった。

気分転換が必用だった。思い通りにことが運ばないストレスからか、この年はシーズン途中の六月に激しい眩暈と動悸を訴え緊急入院、絶対安静でしばらくチームを離れなければならない事態を余儀なくされていたのである。このとき五十七歳。思った以上に無理の利く身体ではなかった。

「ドジャースには未来がある。必ずいい方向に向かうと確信している」「ドジャースの一員でいれたことを本当に楽しんだよ」

投資した金額に見合う結果を残せなかったとして、ドジャースは契約満了までまだ一年残しながらジョンソンを噂通りに解任した。

しかしこれも本人の健康のことを考えれば、それはそれで良かったといえるのかもしれない。

デービー・ジョンソンの呪い

二十一世紀に入って幾年かの歳月が過ぎようとするとき、ある地域に住む、ある一部の人間たちのあいだで、ある密やかな事象についての噂がささやかれはじめていた。その頃、大リーグは一九九五年のストライキ以降、新しく導入されたラグジュアリータックス（贅沢税）や収益分配制度のおかげでチーム間にあった資金力格差が少なからず是正され、毎年優勝争いに名を連ねるチームの顔ぶれが変化するようなっていた。

しかしそうしたなか、あるチーム、ほんのひと昔前まではプレーオフの常連であったある二チームが、その後さっぱり鳴かず飛ばず惰眠を貪り続ける状態にあった。秋の風を感じる季節には、いつもライバルチームが目標に向かって躍動する姿を遠い羨望のまなざしで見つめなければならなかった。確かにオールスター級の選手が何人もいるわけではない。しかし似たり寄ったりの戦力で地区優勝を果たしているチームは他にいくらもある。常に勝つのは難しいとしても、常に負けるというのはやはり問題、それは熱心に応援を続ける地元ファンに対する裏切り行為に等しい。

そのひとつがナショナルリーグ中地区に所属するシンシナティ・レッズ、もうひとつがアメリカンリーグ東地区に所属するボルチモア・オリオールズだった。

振り返るにレッズは一九九五年、オリオールズは九七年から以降、お互いに地区優勝はおろか、ワイルドカードでのポストシーズン進出も果たせずにいた。もっとも同じような低迷を続けていたチームが他にもいくつかあるにはあったので、なぜレッズとオリオールズの二チームだけに注目しなければならなかったのかについては多分に恣意的ではあるが、しかしその敗因を求めるにあたり、偶然か必然か、この二チームにはある共通するキーワードがあった。少なくともそれが地元メディアとファンのあいだに、妙な説得力を持って受け入れられた点は否めない。

その共通するキーワードこそが「デービー・ジョンソン」であった。

シンシナティの住人もボルチモアの住人も、そのときまで、チームに最後の優勝をもたらした監督がデービー・ジョンソンであったことを覚えていた。にもかかわらず、チームがジョンソンに不条理な処遇を味あわせたことも忘れてはいなかった。チームが勝てなくなったのは、あのときジョンソンをクビにしたからだ……。

レッドソックス「バンビーノの呪い」（二〇〇四年呪縛解除）、カブス「ヤギの呪い」（本書出版時点でいまだ継続中）と肩を並べるとまではいうまい。しかし、そういった「呪い」といわれるものが「呪い」として認定されるまでにはある程度、十年、二十年といった歳月の経過を見なければならないのもまた確かである。したがって、このときシンシナティやボルチモアの街が招いていた不遇を、新たに生まれつつある伝説「デービー・ジョンソンの呪い」の過渡期的段階にあるとする仮説は完全に否定しきれるものではなかった。

科学的な根拠はない。だが好奇心をそそられる。なにしろ球団は優勝監督のジョンソンを優勝したその年にクビにしたのである。恨みを買って当然だ。

では、ジョンソンはなぜ解雇されなければならなかったのか。次なる焦点は当然ここにくる。

そこで、いよいよクローズアップされるのはクビにした側の張本人。球団最高権力者、いわゆるオーナーと呼ばれる人物である。

シンシナティにこの女あり、マージ・ショット。

ボルチモアにこの男あり、ピーター・アンジェロス。

ヤンキースの先代オーナー、故スタインブレナー氏しかり、大リーグで強烈な個性を発揮するのは選手だけに限った話ではない。公然と表立つ黒幕、部外者から見れば「名物」、部内者から見れば「独裁」の肩書きを持つ超個性的オーナーの存在は、これまたアメリカ野球をアメリカ野球たらしめる要因のひとつである。

ときに権力者は己の威光を顕示したいという欲望を抑えられず、従属者の生殺与奪権を行使したがる。それは従業員十数人の極めて小さな企業でも例外ではないのだから、プロスポーツ団体のトップ中のトップともなればなおさらである。たとえ傍目にそれが私的で理不尽極まりない理由と映っても、彼らには彼らなりの論理が存在し、異を唱えれば、今度はそれを唱えた者の生活基盤が剥奪されるという理不尽の意趣返しを受けるだけのことである。

マージ・ショット

大リーグでは数少ない女性オーナーのひとりであったマージ・ショットは、チケット代や球場売店で販売するホットドッグを比較的廉価な値段に抑えたり、利益の一部を地元地域に還元したりするなど、ファンの側に寄り添った良識ある球団経営者としての評判があった。

しかしその一方で、配下の選手たちに対しては出し渋りの傾向があり、あるとき故障者リストに載ってプレーができないでいた選手を「ベンチに座っているだけの選手のケツに四百ドルも支払う筋合いはない」などと辛辣に酷評する一面も持ち合わせていた。

彼女の犬好きは有名で、愛犬を連れて球場に現れる姿は一見悠々自適、自愛に溢れたお人好し婆やに見えるが、その同じ人物がときにヒトラーを擁護したり、公の席で日本人を平気で「ジャップ」呼ばわりしたりと、しばしば人種差別的な発言を繰り返すなどは、もはや常人の理解を超える域にまで達していたといっていいだろう。

こうした人物像を理解したうえで、だが、それでも低迷の続いていたレッズを地区優勝へと導いたジョンソンを解任しなければならない理由が「恋人と同棲していたから」「結婚前の二人は同じ屋根の下で暮らしてはいけないから」と聞かされては、シンシナティ市民ならずとも「?・」、思考停止状態に陥るのもやむをえまい。

ジョンソンは前妻と別れたあと、このシンシナティでのちに結婚することとなる恋人スーザンと同棲していた。不倫と見なされるスキャンダラスなプライベートライフではない。そもそも野球とは関係のない話だ。

だが、ショットにはそれが許せなかった。そしてシーズンの戦いが最後まで終わる前に解任を決定。残り試合にどれだけ成績を残そうと、ワールドシリーズを制しようと、来季への続投はなし。

翌年、ショットお気に入りのレイ・ナイトが新たにチームの指揮官を任された。以降、複数の監督が登用されるものの、レッズは毎年勝ち運から見放され続けた。

レッズがようやくプレーオフの舞台に戻る、地区優勝に輝くことができたのは二〇一〇年。シンシナティの街は、呪いが解けるまでに十五年もの歳月を待たなければならなかった。

ただ残念ながらショット女史はその瞬間に立ち会うことができていない。彼女は一九九九年、オーナーの職を退き、二〇〇四年にはこの世を去っていた。正式な死因は不明だが、肺炎を患い二度の長期入院生活をも送っていたという。享年七十五だった。

ピーター・アンジェロス

オリオールズのオーナー、ピーター・アンジェロスが地元ボルチモアのファンからどのように見られているか。それを伝えるある出来事が二〇〇六年九月、シーズンも早終わりに近づこうかというある日、オリオールズの本拠地球場のスタンドで起こった。

約一千人の熱心なオリオールズファンが「FREE THE BIRDS」と書かれたTシャツを着て、同じ文句のプラカードを掲げ、「オーナー辞めろ!」の大合唱を叫んだのである。

デモ開始時間は午後五時八分。これはチームの元スター選手、ブルックス・ロビンソンの背番号「5」とカル・リプケンの「8」とにちなんだとされ、まだ試合の行われているさなかに沸き起こった抗議活動であった。これに対して当のオーナー、アンジェロスは「このデモに参加した人間は、球団経営がいかに大変であるかを理解していない」と(当然のことながら)聞く耳を持たないというポーズで対抗して見せた。

オーナーに向かって辞任を求めるシュプレヒコール。監督に「辞めろ！」の罵声はあっても、オーナーに向かってというのはめったにお目にかかれるものではない。またあるにしてもそのほとんどが評論家、専門家によるメディアを通じての発言であって、こうした団体抗議行動にまで発展する例はそうそうあるものではない。よってアンジェロスには、ボルチモアのファンをそこまでの行動に駆り立てるだけの「何か」があると考えるのが、やはり自然な流れというものであろう。

アンジェロスは主張した。

「チケット代金が平均四五ドルする球団だってあるのに、オリオールズは二二ドルに抑えている」

この言い分は確かにもっともである。収入を低く見積もっている分、大物FA選手獲得に積極的になれない。だから資金潤沢なヤンキースやレッドソックスに敗れても仕方ないだろうといった論理である。

「でも同じ地区にいるレイズは、それでも勝っているぜ」「お金の問題じゃない。やり方なんだ。方向性なんだ」本拠地であるはずの我が街オリオールパーク・イン・アーリントンに同地区ライバルのヤンキースファンが集い「ヤンキースタジアム・サウス」、レッドソックスのファンが集い「フェンウェイ・サウス」と揶揄され、ニコニコ顔でスタンドを占拠されては、ボルチモア市民の忍耐にも限界がある。

ピーター・アンジェロスは法廷弁護士。アスベスト訴訟で得た多額の報酬を元手に一九九三年ボルチモア・オリオールズを買収、同球団のオーナーとなった人物。他にもメリーランド州のたばこ産業から四十二億ドルを勝ち取った経歴も有名である。

ジョンソンを招き入れたのがまさしくこの人物ならば、ジョンソンを辞任に追い込んだのもまた同じこの人物。行き違いはいったいどこからはじまったのか？

ある日の試合で判定を不服としたチームの主力選手、ロベルト・アロマー（内野手）が審判に向かって唾を吐いたことがあった。ジョンソンはその行為を監督として擁護しなかった。アンジェロスにはそれが気に喰わなかった。

そのアロマーがあるときチーム行事の一つであるエキシヴィジョン・ゲームに無断欠席した。ジョンソンはアロマーに罰金の支払いを命じ、その支払い先に自分の妻が関わる慈善団体へと寄付するよう指定した。しかし、それはいくら何でも公私混同なのではないのかと、今度はアロマーと選手会がその指定に不服を申し立てた。

アンジェロスはアロマー側の主張を支持し、ジョンソンに謝罪を求め、ジョンソンは一度はそれに従い謝罪を表明するが、何が不服か、アンジェロスはそれでもまだ足りないとして再度の陳謝をジョンソンに求めた。

一部には、アンジェロスがまだ契約期間を残すジョンソンの三年目の年棒を浮かせるために、わざと執拗に辞任に追い込むよう迫ったという噂もささやかれたが、結果としてジョンソンはシーズン終了後に（声明文をＦＡＸでアンジェロスに送りつけるという手段で）自ら辞任を申し出る。

ペナントレースのさなかから取り沙汰されていた去就について、本人自身が「基本的には確かに三年契約だが、ワールドシリーズに出られなければ、自分はクビにされると感じている」などとコメントしていたところからもわかる通り、表向きジョンソンが自分の意思で辞意を表明したかたちとなったが、メディアもファンもそれが本心から出たものだと思う者は誰もいなかった。

アンジェロスはプレーオフ第一ラウンド、シアトル・マリナーズを破った地区シリーズのあとはこうコメントしていた。「彼とはもう一年の契約が残っている。彼のいない来年のオリオールズなど考えたこともない」「来年いられるかどうかわからないなどと言っているのは、彼のほうだろう。少なくとも、私も、他のフロントの人間も、彼から直接そんな話しを聞いたことなどない」

第二ラウンド、インディアンスに敗れたリーグ優勝決定シリーズのあとは「どうしてみんなそうやってことを荒立てるんだ」と思わずメディアに向かって一喝、「デービーが自分でもう戻らないと言ったのなら、彼のほうに行って聞けばいいだろう」噂先行を強調し、その数日後に再び「彼を辞めさせようなどと脅しをかけたことなどない。彼とはしっかりとした契約を結んでいる。それを最後まで履行するまでだ」「彼をクビにするなどと言った覚えはない。ワールドシリーズに行けなければクビだなどとも言っていない。それだけは確かだ」

ところが、これに対しジョンソンのほうは「常々言っているように、自分はこのボルチモアの街が好きなんだ。選手生活はここからはじまっているし、今でもここで監督を続けたいと思っている」「他の誰でもない、自分自身の置かれている状況をただ知りたいだけなんだ」「今は待ちの状態だ。われわれはお互い言いたいことを話し合った。前向きにね。それでもまだどうなるのかわからないんだ」とまったくかみ合わない内容のコメントに終始し、聞く者の頭を混乱させた。

そんなこんなでこの平行線状態に終止符を打ったのが、先のジョンソンからアンジェロスへと宛てたFAXであった。確執の行き着く先、空中分解はどうあっても避けられなかった。結局、名将ジョンソンといえども単なる雇われマネージャーでしかなかったということか。

だが、このシーズンを境に親鳥を失ったオリオールバードの群れは飛び方を忘れ、いつも気まぐれな編隊しか組むことができなくなり、低空飛行を繰り返すばかりの集団と化したのだった。

翌年ピッチングコーチだったレイ・ミラーを監督に昇格させたオリオールズは、(地区全五球団中)前年の一位からいきなり急降下の四位転落。最下位にならずに済んだのは、その年から新球団として加わったタンパベイ・デビルレイズ(現レイズ)のいてくれたおかげでしかない。以降オリオールズは何人もの監督の首をすげ替えるが、いずれも十月の戦いに参戦する歴史は生まれなかった。いや、それどころか、優勝争いに加わることさえ稀なチームになり下がってしまったのである。

早過ぎる秋風の到来。スタジアムで先のようなデモが起こったのも、そうしたさなかでの出来事。オーナーは誤りを犯した。その最たる例が、あのときジョンソンをクビにしたことだ。ほら見ろ。だからずっと勝てなくなったじゃないか。

二〇一二年、オリオールズはようやくプレーオフ進出チームに返り咲いた。十五年ぶりに味わう喜びの思いだった。十五年……そういえば、先のレッズのときも十五年ぶり。そしてこのオリオールズも十五年ぶり。

ここにどれだけの関連性と意味合いを見出せるのかはわからない。が、いずれも十五年前、そのチームでデービー・ジョンソンがつけていた背番号は「15」だった。

これを偶然と片付けていいのだろうか？

いいんです！（川平慈英）

第三章　逆襲

日本につけられた落とし前

やられたらやり返す。これは勝負の世界に生きる者の鉄則である。そしてスポーツの世界においてそれはある種の人間ドラマ、復讐劇のひとつとして人びとの前に映し出される。物語を求める人は常にやり返す側の味方となる。現実世界はやられてばかり。復讐劇を見ることは己の思いの仮託であり、誰もがどこかで溜飲を下げたいと願っているのだ。

昭和五十三年秋、江川卓の巨人入団をめぐって、当時、巨人の主力投手だった小林繁が阪神へとトレードに出された。コミッショナーの裁定とはいえ、この不条理ともいえるトレードには巨人ファンのあいだからも非難の声が上がり、世間の同情が小林へと集中した。

しかし小林は記者会見で「請われて行くのだから同情なんかしてほしくない」と男気を見せ、翌年、阪神のユニフォームを着てマウンドに立つや復讐の鬼と化し、気迫の投球で巨人打線を圧倒、対巨人戦年間無傷の八連勝、シーズンを通した個人成績でも二十二勝をあげて最多勝に輝くなどファンはこの年の小林の活躍に酔いしれた。

そして同じくここに復讐に挑んだひとりの男がいる。男の名はジョン・ジェームズ・ランボーならぬデイヴィッド・アレン・ジョンソン。相手は日本。遥か太平洋を挟んだひとりのアメリカ人と極東の島国、日本との浅からぬ因縁は、これこそが、今なおここ日本においてデーブ・ジョンソンをデーブ・ジョンソンたらしめる最大の要因であるといっても過言ではない。

ジョンソンは巨人を退団した後も日本に留まり、他のチームでプレーすることを視野に入れていた。実際、あるパ・リーグの球団はジョンソンに入団の打診を行っていたという。できれば現役選手生活を日本で全うし、引退後は日本で若い選手を育てる指導者的な立場に就くのもいいと考えていた。

だが、その思いが実現されることはなかった。これにはもっぱら当時の反対勢力からの差し金があったと噂されている。

「日本を離れなければならないと決まって、がっくりしたさ。日本の人たちが心底好きだったからね。良い友だちもたくさんいたし、巨人軍の連中も好きだった。当時の思い出をたどるのは今でもつらいんだ。深く傷つけられたからね。どうしてあんなことが起きたのかなあ。まったく」(ロバート・ホワイティング『ニッポン野球は永久に不滅です』松井みどり訳、ちくま文庫)

この言葉を信じる限り、ジョンソンには日本という「国」を恨む気持ちはないように思える(と思いたい)。しかし、だからといってこのとき「見返してやる」という気持ちがジョンソンのなかに育まれなかったかといえば、そうではないだろう。

確かに「別のチームに入り、ホームラン四十本打ってやる!」と息巻き見返してやりたかった相手は単なるプロ野球界の一球団に過ぎない。しかしその存在はそれ以上の存在でもある。なにしろ好むと好まざるとにかかわらず、直接的であれ間接的であれ、深くも浅くも、この球団を所有する親元は、ここ日本に住む数多くの人間どころか国家の中枢権力にまで影響を与えるとされる巨大複合企業団体であるのだ。

したがって私たち日本人のなかに、潜在意識として、ジョンソンから反撃の機会を奪い、傷心のうちにアメリカへ返してしまった後ろめたさを拭い去ることができない。これは団体責任でもあるのだ。

エコエコアザラク、エコエコザメラク……ジョンソンは再び日本のファンの前に戻ってきた。たとえジョンソン自身にそうした気持ちがなくとも、私たちの側がそう思ってしまう強烈な返礼がそこにはあった。

いずれも日本国民の夢と希望を打ち砕く、私たちの膝がガクリと折れてしまうほどのハードパンチ。都合三発。やられた……薄れ行く意識のなかで、私たちは思わずそんな言葉を漏らす。しかし同時に、でもこれでよかったのかもしれない……なぜか漂うわずかばかりの安堵感。デーブ・ジョンソンの恩返し。

それでは、この章ではその三つの返礼を年代順に追って紹介しよう。

[1]昭和六十一年(一九八六)日米親善野球

昭和五十一年秋の祖国帰国からちょうど十年後の六一年のこれまた秋、ジョンソンはその年のワールドシリーズを制した栄えある監督として、全米オールスターチームを率いての来日を果たした。ジョンソン個人はシェイスタジアム(ニューヨーク)での激闘ワールドシリーズ第七戦(十月二十六日/日本時間二十七日)から一週間と経たない、休む間もない十一月一日には東京・後楽園球場での試合に臨まなければならないという強行スケジュールのなかでの来日だった。マンハッタン五番街で行われた優勝祝賀パレードの紙吹雪を身体につけたまま出国ゲートをくぐるかのような慌しさである。どうあってもジョンソンと日本のあいだには、「性急」というキーワードがつきまとうのが運命らしい。

日本のメディアは、このときのジョンソン来日をこぞって《凱旋帰国》と報じた。離れるときは大バッシングの雨あられ。しかし殊勲をあげて戻って来ると「お帰りなさい」の桜吹雪。「微笑返し」ならぬ「手のひら返し」のこの豹変ぶりは、やがて訪れる九年後の平成七(一九九五)年、野茂英雄大リーグ挑戦とその帰国に向けての予行演習であったのだろうか。

ところで、ジョンソンがアメリカに帰国してからの十年間に日米間の力量差、日米親善野球の対戦戦績がどのように推移していたかというと、

昭和五十三年　対シンシナティ・レッズ　二勝一四敗一分
昭和五十四年　対全米オールスターズ　一勝一敗
昭和五十六年　対カンザスシティ・ロイヤルズ　七勝九敗一分
昭和五十九年　対ボルチモア・オリオールズ　五勝八敗一分

（勝敗はすべて日本側から見たもの）

昭和四十年代の力関係をそのまま持ち越しているような、背中を視界に捉えたかと思えば一気に引き離される。その差をなかなか詰められない。数字結果からはそんな印象が残る。なお、この年以降、アメリカ軍はすべてオールスターチームでの派遣となり、それまであった単独チームとしての来日はなくなっている。

「ベストメンバーで臨み、日本の野球ファンに大リーグの力強さを見てもらいたい」（ジョンソン監督）とする相手に、対する日本軍も江川卓（巨人）、石毛宏典（西武）、落合博満（ロッテ）らオールスター軍団を編成し戦いに挑むが、戦績は撃沈の一勝六敗。「横綱と十両の差がある。采配、作戦ではどうしようもない」（全日本・近藤貞雄監督）、わずか廻しに手をかけただけ、あとはアメリカ軍の豪快な寄りに押し切られ、抗うすべもなく土俵を割るに終わった。

とにかく、この年来日したアメリカ軍の強さは際立っていた。マイク・スコット（アスロトズ・

投手、同年ナ・リーグ防御率、奪三振一位、サイ・ヤング賞)、トニー・ペーニャ(パイレーツ・捕手、ゴールデングラブ賞常連)、ライン・サンドバーグ(カブス・内野手、ゴールデングラブ賞常連、MVP獲得歴あり)、デール・マーフィー(ブレーブス・外野手、MVP、本塁打王、打点王獲得歴あり)、ホセ・カンセコ(アスレティクス・外野手、同年新人王、のちに引退後、暴露本『Juiced』邦題『禁断の肉体改造』を刊行)ら錚々たる顔ぶれは、来日二十四選手中二十人が同年夏の全米オールスターゲームに選ばれた正真正銘の「現役バリバリの大物大リーガー」たちだった。日本軍のチャンスは相手の時差ボケにつけ入る初戦・先手必勝の速攻作戦にあったが、逆にその初戦の初回にエース江川がいきなりサンドバーグ、マーフィーに連続本塁打を浴び、スタートの号砲とともに蹴躓き。「時差ボケで練習の動きは良くなかった。ただしこれは日を追ってよくなるものだから試合では大丈夫だろう」前日の全体練習後に語ったジョンソンの言葉は図らずも、日を追わずに大丈夫になった事実を日本のファンの前に実証して見せた。

大会は終始アメリカ軍ペースだった。主導権は常にアメリカ側。全日程を終了した合計七試合で、そのうち半分以上の四試合で五点差以上の差をつけて勝利するという圧倒ぶり。ベンチに入っていた王コーチ(巨人監督)も「パワーが違う。パワーだけなら打たれないが、技術も違うからね。投手戦に持ち込まないと勝機がない」。打率五割、日本チームでただひとり意地を見せた岡田彰布(阪神)は「投打ともに百点満点でないと勝てないよ」と両者ともに脱いだ兜をそのまま相手に献呈するような敗者の弁をつぶやくしかなかった。

日本が唯一勝利したのは甲子園球場での第五戦。だがこれも実力ではなく、甲子園球場の土のグラウンドが日本に味方したとされている。大リーグの球場の内野には天然芝が植えられている。そうでなければ人工芝。内野全体が土になっているグラウンドはない。この日の日本軍のヒットのうち三本が内野安打。さらには守備の名手であるはずのショートのオジー・スミスがエラーを犯した。慣れない土のグラウンドで守りにくかったのではないか、そんな声が上がった。

「もし、そういった選手がいるとすれば弁解にすぎない。どんなグラウンドでも勝敗には関係しだ」試合後ジョンソンは否定したが、それでも内心面白くなかったのか「日本の勝利に日本のファンが喜ぶのは当然だが、かといってわれわれの今までの戦いがゼロになったと思うファンもいないだろう」「外交的にわざと負けたって？　冗談じゃない。かつて日本チームにいた一員としては祝福するけどね」と不機嫌そうにインタビューに答え、全勝優勝を狙う横綱のもくろみを阻まれた、たったひとつの敗戦に悔しさを滲ませた。

アメリカ軍の大勝で終わったこの日米野球。話題の中心にいたのは、誰が何といおうと「現役バリバリ大リーガー」選手たちよりも日本野球界ＯＢのアメリカ人監督、その人にあった。

「サインなんかいらないだろう。どこからでも本塁打が出るんだ。ベンチでのんびり楽しませてもらうさ」グラウンドではそう語っていたジョンソンだったが、歓待ムード一色の日本がそんな彼をひとりにさせておくはずがない。ひとたび球場を出るや「是非、ご挨拶を」「いろいろとご用意させていただいてますので」とばかりにレセプション、インタビュー、座談会といった《凱旋》企画イヴェントの目白押し攻勢。疲労困憊、意識朦朧とするなかようやく午前二時にホテルへと戻ってきたジョンソンに肩をすくめ「自分でもわからなくなっている」とまで言わせしめた。

なかでも白眉は来日早々の十月三十一日、初戦前夜の日本テレビの人気番組『11PM』への出演であった。同席した長嶋茂雄と笑顔で昔話に花を咲かせ、かつてあったとされる「わだかまり」などどこ吹く風、二人の絆の強さを改めて日本の視聴者の前に印象づけ(させられ?)た。

もっともその数日前、ワールドシリーズ期間中にアメリカを訪れた長嶋とジョンソンはすでに久しぶりの再会を果たしており、すでに旧交は温められていたのであったが。

「監督になって身につけたのは長期的に物事を見ることだ。選手は日々コンディションが違う。早まって結論は出さないことさ」とジョンソン。また、この年の日米野球を最後にユニフォームを脱ぐことが決まっていた広島カープの山本浩二に対しては「ヤマモトは、パ・リーグでDHをすればいいじゃないか。カープが許してくれないのか?」

いずれも誰かに、どこかに、当てこすりとも受けとられかねない発言を残して帰国の途についたジョンソン監督。口元には巨人時代にはなかった髭、全米軍が勝ったというよりも「ジョンソンにやられた」といった印象の強い昭和六十一年の日米野球であった。巨人軍が組閣人事の刷新を図ろうとするとき、新監督候補としてデーブ・ジョンソン招聘の噂が上りはじめたのは、このあたりの頃からである。

[2] 一九九五年、ナショナルリーグ地区シリーズ、ドジャース対レッズ(第三戦)

全日本軍大敗といっても所詮は親善野球。互いのプレーに魅せられれば勝敗はさておき、観る者としては十分に満足感を得られるところはある。それはすなわち日本軍が負けても鷹揚な気分でいられるということ。もともとジョンソンが率いていようといまいと、全米軍のほうが上手《うわて》であるのを誰もが知っているわけだし、ただ思った以上に差をつけられたというだけで地団駄を踏んで悔しがるほどではなかった。

だが、さすがにこの試合については敵役、ジョンソン監督勝利の笑顔に思わず奥歯を噛み締めたファンは多かったはずだ。その意味ではこの試合が角界隠語でいう「ガチンコ」勝負でジョンソンズチームと相対し、はじめて、しかもものの見事に、打ち負かされたと感じる悔しいゲームであったといえる。

一九九五年十月六日、アメリカ大リーグ、ナショナルリーグ地区シリーズ、ロサンジェルス・ドジャース対シンシナティ・レッズ第三戦。六回裏、ドジャースの先発投手は、連続安打を許した走者二人を塁上に残し監督のトミー・ラソーダに交代を告げられた。ピッチングコーチのデーブ・ウォレスがマウンドまで足を運び、労をねぎらうようにその投手のお尻を軽くポンと叩くと、その投手は帽子のひさしに軽く手をやり静かにマウンドを歩み去った。目深にかぶった帽子の奥に見える虚ろなまなざし。気力はあったが体力がもう残っていなかった。この試合だけでない。この日まで投げてきた一年間の体力がすべてここで尽き果てたかのようだった。必ず勝つと信じていた。受け入れられぬ現実。衛星画面を通じて観ていたすべての日本国民が天を仰いだ。

なぜこのドジャース対レッズというアメリカの球団同士の試合で日本国民が落胆の気持ちを覚えなければならなかったのか。

この試合、日本人の誰もがドジャースの勝利を願っていた。本気でドジャースにワールドチャンピオンの座まで登りつめてほしいとまで考えていた。あらためて述べるまでもない。この投手とは野茂英雄であり、彼がドジャースのマウンドを守り続け、ドジャースの勝利のために投げていたからである。

野茂はこの年、まさしく日本を「背負って」「背負わされて」投げ続けていた。日本のファンはその一球一球に、文字通り「一喜一憂」し「熱狂」した。彼のあとに何人もの日本人選手がアメリカに渡り、そしてそれは今後も続くだろうが、この年の野茂フィーバー以上の熱狂が日本列島を包む日が来るとはおよそ考えにくい。

日本人大リーガーの第一号は一九六四(昭和三十九)年の村上雅則(マッシー)のほうが先であったが、本人が語る通り「私の場合は野球留学名目での渡米だったから誰にも期待も注目されなかった」「はじめて大リーグに上がってマウンドに立ったときも、日本では東京オリンピックの開催のほうにみんなの興味と関心が集まっていたから、扱いも小さかった」。また当時は衛星放送がまだ一般家庭に普及する前の時代であったため、彼の活躍は当時の日本の社会現象にまでは発展しなかった。

そこで野茂英雄である。日本の野球はアメリカの3Aレベル。日本のナンバーワンエースでも大リーグに行けば、ひとつのアウトも取れずボコボコに打たれて終わるのではないか。そんな心配さえ拭いきれなかったなかで野茂は快刀乱麻のピッチングをやってのけた。世界のトップレベルの選手たちと互角に張り合う背番号16の雄姿に日本国民が痺れた。ボコボコどころかバッタバッタと三振を奪う。初勝利をあげるまでは苦労したものの、ひとたび勝ち星を摑みとるとそこから一気に上昇気流に乗り、オールスターゲームに選ばれるは、そこで先発投手に指名されるは、後半戦に入っても勢い衰えず、最後はチームもパドレスとのデットヒートを制しワールドチャンピオンに輝いた一九八八年以来の地区優勝。あとはその八八年同様、ワールドシリーズ制覇に向かってまっしぐらに進むだけ。野茂がいるドジャースは必ず勝つ。このとき日本人の誰もがそんな甘い夢に酔いしれていた。

こうしたいきさつあってのプレーオフ第一ラウンド、地区シリーズの対戦相手となったのがデービー・ジョンソン(このころから日本のメディアのあいだでも「デーブ」ではなく「デービー」が定着)率いるシンシナティ・レッズだった。

五試合制三勝先取のこのシリーズ。一、二戦を地元ロサンジェルスで落としたドジャースに、敵地に乗り込んだシンシナティではもうあとがなかった。まさしくひとつも負けられない崖っぷちの試合に先発を託されたのが日本の国民的ヒーローとなった我らが野茂さん(この頃になるともう「さん」づけ)だった。

初回、二回はランナーを許しながらも何とか無失点で切り抜けたが、三回にランナーひとりを置いて三番ロン・ギャントに手痛い一発を浴びて二失点。直後の四回表にドジャースが一点を返して反撃ムードを作るもその裏、今度は七番のブレッド・ブーンにセンターバックスクリーンを越える特大ホームランを打たれ再び二点差とされ、さらに六回、いきなり先頭から二者連続ヒットを打たれノーアウト一、三塁のピンチを招き、ついにここでトミー・ラソーダが主審に投手交代を告げた。一発攻勢もあったが、レッズは執拗に足を絡めた攻撃を繰り返し野茂を追い込んだ。

この真綿で首を絞めるかのような攻撃に耐え切れず、野茂英雄大リーグ一年目の挑戦は終わった。このあと代わった投手も満塁ホームランを打たれるなど最終スコアは一〇対一とレッズの完勝。ドジャースの一九九五年も終り、日本国民の壮大なる夢が夢のままに終わった。

レッズは公式戦で一度、野茂と対戦したことがあった。七月三十日ドジャースタジアムで行われた試合で八回五安打一失点、この試合は野茂がレッズ打線を完全に抑えたかたちに終わっている。レッズはこのときの教訓をプレーオフの大事な一戦に生かした。試合後、ホームランを打ったギャントが「走れる選手が塁に出れば、野茂はストレートを投げてくる。その球を狙い打つのが作戦だった」と語ったのは、もちろんこのときに得たデータをもとに監督ジョンソンがチームに授けた野茂攻略の糸口だった。

だが、これついては野茂攻略法としてどの対戦チームも考えることであるし、ジョンソンの策が特別際立っていたというよりも、それを確実に実践したレッズの選手たちを褒めるべきであろう。

現に七月の初対戦のときもジョンソンはヒューストン・アストロズ監督のテリー・コリンズから事前に情報を収集し、選手に同じ指示を与えていたのである。ただこのときはそれを上手く実行できなかったというだけなのだ。

野茂とてレッズ打線がストレート狙いでくるのを承知していなかったわけではない。それをわかっていながら、それでもストレートを投げて抑えるのが彼のピッチングスタイルなのだ。シーズン十三勝はその賜物、しかし大事な一戦で今回は相手のほうが上回った、夏の貸しを秋に返された、それが野球というものなのだろう。

いずれにせよこのときの赤いユニフォームを着たレッズ選手たちが沸き返る歓喜の輪のなかに、ジョンソンのはじけた笑顔があるのを多くの日本人が目にすることになった。試合は終わり、シンシナティのファンが勝利の余韻に浸りながら家路へ急ぐ。照明は落とされ、人もまばらになったリバーフロントスタジアムに、グラウンド整備員の清掃機を使った作業音だけが静かにこだまする。

リーグ優勝決定シリーズへと駒を進めたレッズ。数日後にはまた次なる戦いが待っている。しかしテレビの前にいた私たちは、つい今しがた見たジョンソンのあの嬉しそうな笑顔をどうにも複雑な思いで思い返さずにはいられなかった。なぜなら、このシーズンを最後に、仮にこのあとワールドシリーズまで制したとしても、ジョンソンの解任が決定的であることを私たちがみな知っていたからだ。

レッズの名物オーナー、マージー・ショット女史。愛犬ショッティⅡを連れ球場に現れる彼女がジョンソンを疎み、ベンチコーチのレイ・ナイトを次期参謀に据えようとしているのはこの時点では公然の秘密だった。試合を中継したアメリカのテレビ局ABC放送が、ベンチにいるジョンソンとナイトをさかんにクロスオーバーさせて映し出したのは、もちろんそれを知っての「あえて」の演出である。

シンシナティ市民は、もちろんレッズを優勝に導いたジョンソンを優秀な監督と認め、留任させるのが当然であり、それをしないオーナーの無理解に怒りのバッシングを強めた。それは全米レベルの日刊紙USAトゥデイが、「dog day in cincinnati forget about it」(もうシンシナティの犬のことは忘れようじゃないか。目の前の試合に興味を向けようじゃないか)とたしなめなければならないほどだった。利那的なジョンソンの喜び。優勝しても強制退団。この思いに心からの共感を持てるのは、日本人ならおそらく森晶祇(一九九四年、西武)、野村克也(二〇〇九年、楽天)、落合博満(二〇一一年、中日)あたりに限られるだろう。

余談までに、巨人軍との縁ということではこの年、ドジャースの一塁コーチャーズボックスに立ち、テレビ画面にもよく映し出されていたのは、懐かしのレジー・スミス、その人であった。

[3]二〇〇八年、夏季オリンピック北京大会

一九九二年バルセロナ大会から正式種目として認定された五輪野球。はじめてオールプロで臨んだ二〇〇四年アテネ大会での「銅」を踏まえ、二〇〇八年北京大会では戦うも送り出すも狙うは

「金」メダルのみ。代表監督に闘将の誉れ高き星野仙一を立て、日本代表チームは勢い込んで真夏の北京へと乗り込んだ。

一方、アテネ大会では不覚の予選敗退、オリンピック発祥の地アテネの土を踏むことすらできずに敗退したアメリカは、代表監督の座にそのアテネ大会でオランダ代表チームのベンチコーチを務めたデーブ・ジョンソンに白羽の矢を立て必勝を期した。まだ選考段階中、チームUSAのゼネラルマネージャー、ボブ・ワトソンがジョンソンにオリンピック代表監督に興味があるかどうかを尋ねたとき、ジョンソンはあまりに名誉あるこの打診に嬉しさのあまり「いったいいくら払えばそれをやらせてもらえるんだ？」と思わず口走りそうになったという。現役大リーガーの参加しない決して最強とはいえない布陣ながら、それでも野球発祥の地のプライドを見せるべくアメリカは、キューバを破るなどして予選を一位通過して北京へとやって来た。

かくして中国の地で対決の運びとなったジョンソンズアメリカと星野ジャパン。大会前から早くも火花が飛びかった。星野が「現役時代、自分はジョンソンから三振を奪ったことを覚えている」と挑発すれば、ジョンソンは「日本ではたくさん三振したからな」と余裕のシラきり翁を演じて応酬。立て続けに「でも覚えていてくれたのは嬉しいよ」「星野は日本のアイコン（象徴）だ」と一旦裏手に回り星野を持ち上げるや、「でも長嶋、王と当たりたかった」とそこからいきなり垂直落下式バックドロップの早業を展開、お前では役不足だといわんばかりの逆挑発を星野に叩き返した。

戦いの日は予選リーグ七試合目となる八月二十日にやって来た。しかしこの日は本当の意味での

「ガチンコ」対決とはならなかった。予選最終戦となるこの試合がはじまる時点で共に戦績は四勝二敗。両国とも決勝トーナメントへの進出が決定していたのである。

とはいえ、それでも日本は全員がプロ、しかも一軍。対するアメリカは大学生一人を含むマイナーリーグ選手主体の布陣。ここで日本の一軍精鋭がアメリカの二軍相手に負かされてしまってはいかにも体裁が悪過ぎる。

ところが試合はお互い譲らず〇対〇のまま延長戦に突入。タイブレイク制での十一回表無死一、二塁、アメリカは岩瀬仁紀（中日、以下在籍球団は当時）から連打で四点を奪った。その裏日本の攻撃も二点を返しさらに二死満塁、同点あるいは一発長打で逆転サヨナラのチャンスを作るが、ここで代打に起用された阿部慎之助（巨人）が一塁フライに倒れ日本は競り負ける。重要度の高い試合ではなかっただけに敗戦そのものはさほど問題でなかったが、この結果より、おい、日本はいったいどうなっているんだ、と先行きの不安を思わせたのが六回表の守りだった。

二死一塁から田中将大（楽天）が相手二番打者のシュアホルツをセンターフライに討ち取りスリーアウトチェンジ。のはずだった。ところが守りにつく日本の野手が誰もベンチに戻ろうとしない。田中が「誰もベンチに帰らないのでツーアウトだと思って気にせず投げた」と続く三番打者のブラウンに初球を投じたところで一塁手の新井貴浩（広島）が「どうして続くのかと思った」と慌てて抗議。結果、事なきを得たが、大事な国際大会での舞台でこの挙党一致のボーンヘッドは、敵方の名将ジョンソンに「日本与し易し」の印象を与えた可能性は多分にある。

決勝トーナメントに入っての準決勝、日本は韓国に敗れ(二対六)、アメリカもキューバの前に屈し(二対一〇)、共に「目標、金」から「せめて銅」へ、日米決戦の舞台は格下げ悲願の三位決定戦へと移された。ほんの三日前に戦ったライバルとの再びの激突。だが、今度は前回と違ってメダルを賭けた雌雄を決する一戦だ。マイナーリーガー相手に日本のトッププロが二度も続けて負けるわけにはいかん。だから絶対に勝つ!

星野が人前でそう叫んだわけではない。叫んだのは決戦前夜、終電間際の新橋駅前でネクタイを緩めた赤ら顔のスーツ姿の企業戦士たちだった。だが星野の心中もきっと同じであったはずだ。

日本は初回、幸先よく荒木雅博(中日)の本塁打で先制。二回に同点とされるも、三回二死一、二塁から青木宣親(ヤクルト)がレフト観客席へライナーで運ぶ本塁打を放ち三点をリードする。だがその裏、先発の和田(ソフトバンク)が先頭打者に太陽の光が目に入る不運なレフト前エラーでランナーを許した後、一死一、二塁からブラウンに本塁打を浴び同点とされ、この回途中からリリーフに出た川上憲伸(中日)も続く五回裏につかまり集中打で四点を献上、アメリカに大きく勝ち越される。

日本はアメリカの先発左腕アンダーソンを四回以降とらえきれず、八回から代わったジェプセンの制球難にもつけ込めないまま、最終スコアは四対八。同じ大会で同じ相手に二度負けるという屈辱の敗退は二〇〇〇年のシドニー大会以来、オールプロで臨んでからははじめて。星野ジャパンは「手ぶら」の帰国となった。

反対にアメリカはそのシドニー大会以来の八年ぶりメダル獲得。「バッターがようやく目を覚ましてくれた。ピッチャーもよく投げた。シーズン中で選手選考は難しかった」ジョンソンは顔をほころばせた。

またこの試合は一方で、両監督の采配の違いが勝負のあやとなったとして取り沙汰された。

星野は先発和田に早々に見切りをつけ、前倒し的に当板した二番手川上も踏ん張りきれず失点を重ねた一方、ジョンソンは三回四失点の先発アンダーソンを我慢しながら投げ続けさせ、のちの好投を引き出すことに成功した。「交代のタイミングは非常に難しいものだ。星野はいい監督だ」試合後ジョンソンは会見でそう語ったが、これをそのまま鵜呑みにする日本のファンはいなかった。新宿、渋谷のスポーツバーで大量のビールを胃袋に流し込みながらパブリック観戦していた顔面日の丸ペインティングをした若者ですら、それが大人の対応、外交辞令であることをわかっていた。

当初から最重要戦として位置づけていた準決勝に予告のダルビッシュ有(日本ハム)を先発させないなど、選手起用法を含め、相手に負かされたというより己のちぐはぐさに自滅した印象の残った北京大会であった。

それにしても、ジョンソンが巨人軍のユニフォームを着てはじめて対戦した相手と、このオリンピックという当時には考えもしなかった場で再び対決させるという神の配剤には、まったくもって恐れ入るばかりである。そしてジョンソンも見事、そのとき受けた見逃し三振の返礼を衆人の前で倍返しにして見せるあたりはたいへん義理堅い。

こうなると前回アテネ大会で脳梗塞に倒れ無念の休養を余儀なくされた長嶋が、もし元気でそのまま北京大会でも指揮をとり続けていたなら……。その暁には「ジョンソンズアメリカVS長嶋ジャパン」というこれ以上望みようのない最高潮位の激突となって、盛り上がり期待度必至であっただけに……なんとも残念でならない。

「本当に心配しています」「一日もはやい回復を願っています」「家族の方にもよろしくお伝えください」長嶋の病状を知ったとき、ジョンソンは日本の報道陣を通じてそんな長嶋の様子を繰り返し慮ったという。野球人として。ひとりの人間として――

昭和六十(一九八五)年一月十日、午後七時三十分〜九時、名球会VS.米大リーグ対抗戦

日米親善野球、アメリカ大リーグ・プレーオフシリーズ、五輪野球と、デーブ・ジョンソンが巨人軍退団後、日本の野球ファンの前にきっちりとその落とし前をつけてくれた履歴を紹介してきた。いずれもが現在でも再確認可能な、記録に残された公式行事・試合での出来事である。

だが、これら三度にわたる復讐劇をいとも簡単に凌駕する、おそらく本人のなかでは一番溜飲を下げたのではないかと思われる歴史的記念試合が実は他に存在する。これは公式記録としては残されていない。しかしこの試合を目撃した日本人は全国各地に大勢いる。したがってその試合は、それを観た者の脳裏にしか残されていない。人間、いつかは必ず寿命の尽きるときが来るわけだから、その者たちが次の世代にこの世を譲れば、やがてその記憶はどこにも消えてなくなる運命を避けら

昭和60年（1985年）1月10日（木曜日）　讀賣新聞

3 NHK教育　4 日本テレビ　6 TBSテレビ　8 フジテレビ　10 テレビ朝日　12 テレビ東京　42 TVKテレビ　FM東京　NHK-FM　46 千葉テレビ　38 テレビ埼玉

「讀賣新聞」テレビ欄（1985年1月10日）

れない。

だがしかし、微かながら希望は残されている。映像記録がおそらく残っているであろうことだ。日本を代表する巨大メディアグループ傘下の某テレビ局が、確実にこの映像をアーカイブとして保存しているはずである。なにしろそのテレビ局が昭和六十（一九八五）年一月十日午後七時半〜九時に全国放送（一部地域除く）としてオンエアしてくれたのだから。

ただ、残念ながら何かしらの問題があるのだろう。再び日の目を見るかたちになるとは考えにくい。著作権、肖像権、再放送契約の有無。どこか、誰かにとって不都合な内容。何がどこにどう絡むのかは知るよしもないが、単純ではない諸々がありそうな事情だけは察せられる。あまり前置きが長くなっても乾杯前の部長の挨拶と同じになるので早速、懸案のその番組を昭和六十年一月十日の新聞からひろってみよう。

日本テレビ　午後七時半〜九時
木曜スペシャル「ハワイで日米激突！　名球会VS米大リーグ対抗試合全中継」メイズ・アーロン猛打爆発！　稲尾血祭り▽伝説の投手コーファックス×ON▽作戦会議㊙実況▽江夏登場
（讀賣新聞朝刊最終面・番組欄）

プロ野球名球会チーム三十人がハワイ・マウイ島に飛び、米大リーグの往年のスター・プレーヤー二十三人を相手に対抗試合を繰り広げる。
（同・番組紹介記事欄）

一九八五年豪華大リーグOB名球会をメッタ打ち
バブリー（球場以外）な大リーグOBが引退後の身体能力の差をみせつける？
アーロン、メイズ、F・ロビンソン、ルー・ブロック、アーニー・バンクス、マッコビー、ビリー・ウィリアムズ、サンディー・コーファックス
（讀賣新聞夕刊最終面・番組欄）

「夢の対決」などという言葉ではとても言い表せない、ロイヤル・ストレート・フラッシュ級のメンバー構成、視聴者の期待と興味を最上級にかき立てる恐るべき好企画は、日本のファンは言わ

ずもがな、アメリカのファンにとっても生唾ものである。

それはそれとして、で、これがなぜジョンソンと？　の疑問がわくのは当然である。なにしろこの番組案内のどこを読んでも、ジョンソンの「ジョ」の字も出ていない。ところが実際のところ、彼はこの試合に出場しているのである。ここに奇妙にも隠された意図を勘ぐらずにはいられない。いや、策略といったほうがより適切か。

試合は生中継放送ではない。局側は出演要請・交渉も含め内容については当然すべて知っているはずだ。視聴者にしたところで番組を最後まで見れば、ジョンソンが大リーグOBチームのメンバーとして確実に出場し、それどころか実は出てきた選手のなかで一番目立った活躍を見せたのも見逃しようがない。そうであるにもかかわらず、あえて記載なし。一旦放送が終了すれば、再放映するもしないも、あとは局の意のまま思いのまま。見逃した、あるいは再度見たいと思う視聴者はビデオ録画した誰か個人を頼りにする手はあるが、そこまで探し当てるのにどれだけの時間と労力がかかるかわかったものでない。幸い今ではYouTubeなどパソコン動画投稿サイトで検索してみるといった手段もある。ところが、それを試してみると、確かに偶然のビデオ保管者がやはり同じ価値を認める者のために投稿開陳を試みてくれた様子が残っているのだが、時すでに遅し。（予想通り）「この動画は凍結されており、視聴できません」と書かれた画面を前に肩を落とすしかなくなっている。よって今のところ、残念ながらこうした映像記録による偉大なるこの試合の再確認はいかにも頼りない状態にある。

ならば、あとは時とともに記憶が遠ざかるにまかせたままでいいのかというと、そうではない。一縷の望みが繋がっている。私たちは今でもこの試合であったことを、全貌ではないにしてもあらかた一分間のダイジェスト版のようなかたちとして、追認できる手段を持っている。それは書籍という手段によってであるが、幸いなことにこの試合の模様を、草野進(自称華道家)が『世紀末のプロ野球』(角川文庫『どうしたって、プロ野球は面白い』改題・改定)のなかに感銘とともに記録し、書き残してくれているのである。活字の力はあなどれない。

少々長くなるが重要参考資料だけに、記憶だけに頼らない記録として次世代へ伝えるべく、ここに長文引用してみたいと思う。

デーブ・ジョンソンは、一九八五年の日本の一時間三十分のTV番組で輝き続けていた。読売巨人軍に助っ人として入団してから十年もたってしまったというのに、このアメリカ人は夜の七時半から九時までの番組を、輝ける主役として独占してしまったのだ。(中略)この番組を見落としたかもしれない不幸な方々のために、説明しておく。山本浩二らを新人として入団させたあの悪名高き名球会のメンバーが大挙してハワイに渡り、アメリカの大リーグを引退したオール・スターの選抜軍と試合を行ったのである。(中略)あのジョンソンが、投打に活躍し、大リーグOBチームに勝利をもたらしたのである。おそらく、名球会チームの全員がジョンソンに負けたという実感をいだいたに違いないほど、決定的なプレーをいくつも披露してみせたのだ。試合後、王貞治が、ジョンソンの一打で歯車が狂ってしまったと告白したほど、そのプレーには迫力があった。（中略）すべては、先頭打者で決まってしまった。先攻の大リーグのリード・オフ・マンをつとめたのがジョンソンであり、彼は、稲尾投手の球を軽く右中間に運び、大量得点のきっかけを作った。胸元深くよびこんだボールをゆっくり弾き返すというあの色っぽい打球がみごとに生きていたのだ。そして二塁手としては、王貞治のヒット性の打球をファウルライン近くまで追い、軽く一塁に殺した。どうしてああいうプレーを巨人のときに見せてくれなかったのかとネット裏のアナウンサーがため息まじりにつぶやいたほど、みごとなプレーである。そして、たった六回の表裏の攻防で決まるそのゲームに、ジョンソンは四安打をも放ち、後半ではサードを守りさえした。そして、試合後、ＭＶＰに輝いたのである。メイズもいたし、マントルもいたけれど、この単調な試合を通じて、彼一人が輝き続けたのだから、この受賞は当然といえよう。

ここに伝えられる通り、《凱旋》と謳われた昭和六十一年、日米親善野球より以前にジョンソンは、指揮官として傭兵を登用せずとも自らの手で、自らのプレーによって日本の野球界の重鎮に向かって快打洗心、きっちりと落とし前をつけていたのである。

昭和五十一年シーズン終了後、契約延長を破棄されたばかりか、他球団でのプレーも阻止されたとされる噂が本当であるなら、この日、この試合でのジョンソンの一投一打に、どれほどの意味が込められていたかは心中奥底察するに余りある。できるだけ事を公にしたくない。大げさに報じたくない。ジョンソンの対岸に位置する側はそう思ったとしても不思議はない。いや、仮にそうでないとしても番組を見終わって、番組表、番組紹介欄の文章を読み返す限り、そう思われても仕方があるまい。

ＭＶＰ受賞の挨拶でジョンソンは、巨人軍時代に満足な働きができずチームに迷惑をかけたと語り、そして王や長嶋ら、かつてのチームメイトとここでまた再会できたことに素直な喜びの意を表した。また自らが監督を務めるメッツの好成績の裏には、チーム作りに日本の野球界で学んだ経験が大きく生かされているとして話を結んだ。

「あの番組をじっと見守っていたものの誰が涙を流さずにいることができただろう」

著者はこうまでも述べ、疑問を呈す。ジョンソンは日本で学んだことを生かし現在の成功に繋げた。一方、日本の側はどうだったのだろう。日本はデーブ・ジョンソンから何を学び、いったい何に生かしたというのだろうか、と。

「復習するは我にあり」

滴る汗を輝かせ、グラウンド狭しと軽快に動き回った少し太めのデーブ・ジョンソン。眩しく見えたのは決してハワイの陽光のせいだけではなかったはずだ。

第四章　なぜジョンソンは日本人の記憶に残るのか

ジョンソンと日本

一九八六年メッツを率いて世界一、日米親善野球のときは巨人時代にはなかった口ヒゲをたくわえ、巨人時代にはなかったお腹まわりの肉をたくわえ、巨人時代にはなかった貫禄を見せつけ、「へえ、あのジョンソンがねえ……」とかつてを知る者に感心のため息をつかせた。

ドジャース野茂英雄がワールドシリーズ目指しマウンドに立った一九九五年十月の戦いでは、その行く手の前に厚い壁となって立ち塞がり、二〇〇八年オリンピック北京大会「金がダメならせめてメダル（銅）を！」と臨んだ星野ジャパンの三位決定戦では、この最後の望みをも打ち砕き、「ちくしょうジョンソンめ。余計なことを……」と日本のファンを悲嘆に暮れさせた。

その後も二〇〇六年ワールドベースボール・クラシック（以下WBC）第一回大会ではアメリカ代表チームのベンチコーチとして、二〇〇九年の第二回大会では監督として再び、三度、日本ベンチの反対側に陣取る敵役として、そのユニフォーム姿を私たちの前に現してくれた(二〇〇四年アテネ・オリンピックではオランダ代表チームのヘッドコーチ、二〇〇五年国際野球連盟主催第三十六回ワールドカップではアメリカ代表チームの監督として大会に参加）。

こうして振り返ってみると、ジョンソンがいかに巨人を退団してアメリカに帰国したあとも、実際であれ、メディアを通じてであれ、幾度となく日本の野球ファンの前に現れる機会を有してきたかがわかる。

これは考えようによっては、不定期であれ、遠方の知り合いから「こちらは元気でやっています」といった便りをもらっているようなものである。これまで来日外国人選手は数あれど、日本を離れてからここまで長きにわたり、しかも継続的にこのような便りを送り続けてくれた人物はデーブ・ジョンソンをおいて他に見当たらない。

しかも日付が更新される毎に肩書きが変わり、社会的地位が向上し、出世街道をまっしぐら。末は博士か大臣かではないが、最新式コンピューターを駆使した気鋭の新時代のリーダーでいたかと思えば、辣腕マネージャーとして請われるままにいくつもの組織を渡り歩き、ついにはその実績が認められ一国の最高指揮官に君臨するなど、近況報告は常に真剣勝負の現場に留まっていることを示すものばかり。フロリダの陽光の下、悠々自適に釣りやゴルフに勤しむといった緊張の糸がほどけたナマクラな情報などでは一切ない。そもそもそこで私たちが、ヒゲをはやしただの、太っただの痩せただの、皺が目立つようになっただの、白髪が増えただのいろいろと言えるのは、そうでなかった時代の記憶を留めているからであり、ほとんどこれは、日本列島にいっとき回遊して来たアメリカ産外来種「デーブ・ジョンソン」という名の出世魚の成長を外的変化から見届けているようなものである。

ナショナルチーム、ナショナルズ

ＷＢＣ第一回大会に優勝した日本(サムライジャパン)は、直接対決ではアメリカに敗れたものの、この試合はジョンソンにやられたというより三塁審判のボブ・デイヴィッドソンの疑惑の判定にしてやられたといった感強く、第二回大会でついに九対四とアメリカを打ち負かし圧勝。ようやくやられっぱなしだった日本がジョンソンへと、意趣返しとまではいわないが、反撃の一石が投じられたわけだが、このときジョンソン六十六歳。すでに指導者としての面持ちは顧問教師から教頭、学校長、そして教育委員会委員長へといった年輪を滲ませ、日本にいる私たちも(自分のことはさておき)「ああ、ジョンソンも年とったなあ……」と、どこか切ない無常観を感じないではいられなかった。年齢、体力、そして栄えあるナショナルチームの指揮官にまで上りつめたことを考えれば、おそらくこのＷＢＣ大会はジョンソンにとってひとつの集大成、最後のベースボールへのご奉公といった印象を私たちが受けたとしても、それはあながち不自然な感覚ではなかったはずだ。

ところが、さにあらず。ジョンソンはそれから二年後、再びグラウンドに戻ってきたのである。大リーグ、ワシントン・ナショナルズの監督として。そのときすでにジョンソンはナショナルズ球団のフロント入り、元老院的身分ともいえる相談役という職に就いていた。そうしたさなかの二〇一一年シーズン途中の六月半ば突然、ナショナルズ監督のジム・リグルマンが来期への契約延長に不満を示し自ら辞任を申し出た。するとナショナルズのゼネラルマネージャー(GM)のマイク・リゾーは当座数試合をヘッドコーチのジョン・マクラーレンに代行指揮を執らせた後、「この辞任のトラブル時期を乗り切るには、デービーがベストの人材。彼は勝利に執念を燃やせる男だ。きっとやってくれる」と正式な後任にジョンソンを指名したのである。相談役が相談を受け、そのまま一気に自力で問題解決の超時短かつ超効率的人事。

とはいえ、ときにジョンソン六十八歳。ナショナルチームの元監督からナショナルズの新監督へと、字面は似ていても系列会社の天下り人事とはわけが違う。老体に鞭の現場復帰。そのあたりを心配してか、リゾーはシーズン残り試合をジョンソンに全幅の信頼を置くような頼もしい言葉を吐きながら、もう一方で、平行して来季に向けて新監督探しを続ける意向がある旨を明らかにする。

それはそれでいいのだが、しかしそこでまた良き人材が見つからなかった場合には、引き続き来季もジョンソンに指揮を執ってもらいたいというご都合主義的契約の提示には、リスク回避はビジネスの常とはいえ、さすがにそれは御大に対して失礼なのではないのかとの陰口がワシントン特別自治区内でささやかれるのも無理からぬところであった。

ちなみに、ジョンソンが監督就任するまでのナショナルズは、直近の五年間で(ナショナルリーグ東地区全五チーム中)五位、四位、五位、五位、五位。勝率五割越え一度もなし。一〇〇敗以上の大負けの年が二度もあった。

そんな惨状のなか、ジョンソンの途中就任からチームはこの年最終的に八〇勝八一敗と借金わずか一の三位でフィニッシュ。ジョンソン自身が指揮を執ってからは四〇勝四三敗で、そもそもリグルマンが辞任したときチームは十二試合で十一勝と上げ潮に乗っていた時期だっただけに（したがってなおさらリグルマンの退団は青天の霹靂であったわけだが）、勝率ほぼ五割のすべてがジョンソンの手腕とは言い難くも、それでも来季に向けてジョンソンが手応えを感じたのは確かであったはずだ。

勇退

二〇一二年。結局「良き人材」を見つけることのできなかったGMリゾーは、この年もチームの指揮をジョンソンに託すことになる。

しかしそんな「滑り止め」待遇もなんのその、ジョンソンはすっかりやる気になっていた。その証拠に開幕前、まだスプリングトレーニングがはじまったばかりのフロリダのキャンプ地で、ジョンソンは報道陣を前にきっぱり言い切った。

「もしこのチームで今年プレーオフに行けなかったら、球団は私の首を切ったほうがいい」

ナショナルズは低迷期が長らく続いていただけに、ドラフトでは優先的に上位指名で才能溢れる新人選手を獲得できる利点に恵まれていた。とくに投手のスティーヴン・ストラスバーグと外野手のブライス・ハーパーは、ジョンソンの一九八〇年代メッツ監督時代を思い出させるエースのドワイト・グッデンと主軸のダリル・ストロベリーの黄金コンビと重ねあわされ、全米レベルの注目と、そして地元からは同じくワールドチャンピオンへの担い手としての期待がかけられる逸材だった。とはいえ、現実的には前年三位も勝率五割未満。チーム力が上り調子にあるのは確かだが、プレーオフに行けるチームになるにはもうしばらく時間がかかるだろうというのが大方の見方ではあった。

自信満々、現役最年長監督がそこまで言うならお手並み拝見といこうじゃないか。そうした声が漏れ聞こえるなか開幕を迎えた二〇一二年ペナントレースは、優勝候補の筆頭だったフィラデルフィア・フィリーズが調子を出せずに自堕落的な迷走をするのをよそに、夏場あたりからこのフィリーズの第一対抗馬と目されていたアトランタ・ブレーブスと、ポストシーズン進出宣言をしたナショナルズとのマッチレースの様相を呈する展開になった。

ブレーブスも負けないが、ナショナルズも負けない。そんな状況がしばらく続いた。だが第四コーナーに差し掛かったあたりからブレーブスの力が徐々に尽きはじめ、ナショナルズは最後一馬身差(四ゲーム)をつけてブレーブスを振り切り地区優勝のゴールイン。自分で自分のクビを賭けたジョンソンは、予告通りチームをプレーオフへと導いたのである。チームとしてはワシントン移転後初の、移転前モントリオール・エクスポス時代から数えれば実に三十一年ぶりの、またフランチャイズとして考えれば一九二四年のワシントン・セネタースのワールドシリーズ出場以来七十九年ぶりの、ポストシーズン進出であった。

この年のポストシーズン・ゲーム、とりわけベスト八が激突する三戦先勝の地区シリーズは、マッチアップのすべてが最終第五戦までもつれ込むという近年稀に見る大激戦のシリーズとなった。シーズン勝利数九八でリーグトップの成績で終えたナショナルズは、第一ラウンド、この年から導入されたワイルドカード二チームによる一戦必勝の地区シリーズ進出決定戦を勝ち抜いてきたセントルイス・カージナルスを迎え撃った。

二勝二敗で迎えた地元ワシントンDC、ナショナルズ・パークで行われた第五戦。残念ながら、この試合に詰め掛けたフランチャイズ史上最多となる四万五九六六人の大観衆と、テレビを通じて観戦していたワシントニアンにとっては信じがたい悪夢を見せられるような試合になった。三回を終わった時点で六対〇とナショナルズのリード。誰もがナショナルズのリーグ優勝決定戦シリーズ行きは確実だと思った。

ところがカージナルスは勝負をあきらめず、中盤以降小刻みに得点を返して九回を迎えた時点で七対五と点差を二点にまで詰め寄る。それでも九回表カージナルス最後の攻撃で、走者を三塁に置きながらもナショナルズはこの二点差を保ち二死までこぎつけた。勝利まであと一人。カウントもツーストライクまで追い込んだ。

だが、ここからクローザーのドリュー・ストーレンが突然制球を乱し、四球、四球と満塁のピンチを招くと、同点タイムリー、勝ち越しタイムリーを続けざまに浴び、ナショナルズは逆に二点のリードを追うかたちで、考えもしなかった九回裏の攻撃を迎えることになる。そして上位打線からはじまったこの攻撃もあっさり三者凡退で万事休す。天国から地獄へ、唖然呆然ひたすら静まり返るワシントン大観衆。カージナルの選手と敵地に乗り込んだわずかばかりのセントルイスのファンだけが喜びの雄叫びを上げるなか、ジョンソンは表情を変えることなくグラウンドを背にロッカールームへと引き上げた。

長くもあり、短くもあったナショナルズの二〇一二年シーズンは衝撃のラストシーン、思いもよらぬどんでん返しで幕を閉じた。このとき、来シーズンのジョンソンの去就については明らかになっていなかった。

ワールドシリーズが終了し、野球シーズンも一段落した十一月十日、ナショナルズ球団は、翌二〇一三年も引き続きジョンソンにチームの指揮を任せると公式に発表した。そして続く十三日、今度は全米野球記者協会が、ナショナルリーグの二〇一二年最優秀監督賞にワシントン・ナショナルズ監督デービー・ジョンソンを選出した。

ジョンソンはプレーオフに敗退したあと「やり残したことがある」と語り、続投について「オーナー次第だ。(決定まで)待たされるのは構わない。去年もそうだったからな」と意欲を見せていただけに、この一連の報せはオリオールズ時代のような解任→受賞という、事情を知らない第三者には説明の言葉を弄するような事態もなく、素直に、日本式にいえば「盆と正月がいっぺんにきた」お悦びの日となったことであろう。

契約年数は一年。勝っても負けてもこの年で最後と決めての二〇一三年シーズンだった。が、戦績八六勝七六敗と決して悪い数字ではなかったが、前半戦の大きなつまずきを最後まで挽回できず、首位のアトランタ・ブレーブスに十ゲーム差をつけられ地区二位、ワイルドカード争いでも同レース二位のシンシナティ・レッズに四ゲーム差の遅れをとる三位に終わり、二年連続ポストシーズン進出は叶わなかった。

九月二十九日、アリゾナ州チェイスフィールドで行われた公式戦最終試合、対アリゾナ・ダイヤモンドバックス戦が監督ジョンソンにとってのユニフォーム姿最後の試合となった。監督生活通算十七年、二四四三試合一三七二勝一〇七一敗、勝率五割六分二厘、ポストシーズン二五勝二六敗、ワールドシリーズ優勝一回、地区優勝四回の幕引きは、まさしく「勇退」というにふさわしい成績だった。

「地球上からいなくなるわけじゃないさ」

最後の試合を終え、ジョンソンは感傷的になる記者たちを前に言った。

「また会うことになるんだし」

二〇一四年、ジョンソンはもとの鞘、相談役としてナショナルズに残ることが当初からの契約になっていたのである。

時は流れて

昭和五十年、巨人軍のチームメイトと並ぶその姿は異様に大きく見えた。

平成二十五年、ナショナルズの若い選手たちのなかに交るその姿は小さく映った。

相対的に、ということもあるだろう。主観的に、ということもあるだろう。

動悸とめまいで入院したことがある。盲腸の手術も受けた。胃の手術は五度も経験した。常に健康体であったわけではない。先妻との離婚。二〇〇五年愛娘との永別。辛苦のときもあった。

ナショナルズの監督時代、チームカラーの赤を基調としたスタジアムジャケットには同じ色の日本のちゃんちゃんこを見るような気がした。

ジョンソンが大リーグで監督を務めた十七年間、この彼の下でプレーした日本人大リーガーはいない。よって日本に住む私たちが動くジョンソンを見るのは、日本人大リーガー出場試合の中継でたまたま対戦相手となっているか、はじめからそれを目的にネットの動画配信を閲覧するか、ごくごく限られたものでしかなかった。それでもひとたびその姿が画面に捉えられれば、日本の放送局はいうまでもなく、アメリカの放送局でさえも、ほとんど必ずといっていいほどジョンソンがかつて日本でプレーした経験のある球歴を紹介した。

ときに日本の放送局は現地で特別インタビューを取る。ビデオメッセージさながら、そのときのジョンソンはたいていカタコトの日本語を交えてしゃべり、カメラのこちら側にいる日本人を意識してそのツボを刺激した。とりわけ二〇一二年のプレーオフ最中に撮られたバージョンでは、「ワタシハ、ジョンソンサンデス。オーサン、ナガシマサン、トモダチ、トモダチ……」と、自らに「サン」付けしたのは意図的か偶発的かわからないが、それはともかく、天下のＯＮを気安く「トモダチ、トモダチ」と言い切ってしまうところなどは、なかなか余人に真似できるものではない。

追想ジョンソン来日前夜

思えばジョンソンが巨人軍でプレーする昭和の日本は、高度経済成長期の渦中にあった。池田内閣の国民所得倍増計画。田中内閣の日本列島改造論。東京オリンピック、札幌オリンピック、大阪万国博覧会といった国際規模のイベント開催。新幹線、高速道路など道路交通網に上下水道を含めるインフラ整備、高層ビルの建設ラッシュ等々。巨人のＶ９もこれら時代を象徴する出来事のなかのひとつといっていい。

だが、そんな勢いに翳りが射しはじめたのは昭和四十年代の後半に起きた「石油ショック」であった。昭和四十八年秋、突如として広まった「石油は遠くない将来、供給の不足する事態が起こりえる」との噂は瞬く間に全国に広まり、国民感情の不安を煽り、スーパーへ、デパートへ、人びとの多くを買いだめ衝動へと走らせた。最終的にこの石油ショックは狂えるブームとして収まるが、資源はいつか枯渇する、物事には限界がある、さらにいえば永遠の成長などありえない、おぼろげではあるが、改めて国民はそのことに気づかされたのであった。

光が強ければ強いほど影はその濃さを増す。

急速な物質文明の繁栄を謳歌してきた代償に、大気汚染、水質汚染という自然環境破壊や公害問題が顕在化するようになってきたのもこの頃のこと。水爆実験から生まれたゴジラが公害から生まれた怪獣ヘドラと戦った映画『ゴジラ対ヘドラ』は昭和四十六年の公開である。

日本を取り巻いていた成長の空気は、昭和四十年代が終わりに近づくにつれていったん上げ止まりの様相を呈し、来る昭和五十年代の十年は踊り場から再び上昇をはじめるか、はたまた過去の反動から下落に転ずるか、どちらにしてもこれまでとは違った時代の波にさらされるであろう予感が漂っていたのは確かである。

偶然か必然か、変化の機運は野球界にも訪れ、昭和四十九年、まるでベートーベン以降の作曲家が交響曲を最高第九番までしか書き残せなかったのを倣うかのように、巨人の連続日本一年数も「9」という数字以上を歴史に記すことはできなかった。ひとつの時代の終焉。併せて同じ年、巨人の一中心選手という以上の存在、ミスタープロ野球こと長嶋茂雄が現役引退した出来事も、多くの国民のなかにそうした意識を植え付ける強い推進力となって働いた。

既存の価値体系から新しい価値体系の構築へ。

よって昭和五十年という年は、その端緒の年、端境期の年として記憶するに十年単位《ディケイド》思想からしても、あまりに区切りのいい位置づけにあったといえるのである。

ジョンソンと他の外国人選手とを分けるもの

ジョンソンは日本のプロ野球界でプレーした初めての外国人選手ではない。昭和五十年当時を基準にして考えればジョンソン以前に、スペンサー、バッキー、スタンカら幾十人。その他、印象に残る選手、そうでない選手、名前を聞いてすぐに思い出す選手、思い出せない選手、様々な選手たちがいた。

だが、ジョンソンには、それらの選手にはない明らかな違いがひとつあった。それは「巨人軍のユニフォーム」を着てプレーをしていたことである(ここでは日系人選手を除く)。

人気と実力を兼ね備えていたといえばそれまでだが、戦後プロ野球界における巨人軍の存在感は絶大だった。平成の今でも人気球団であるのは間違いないが、当時のそれは現在の比ではない。もちろん親会社讀賣新聞の拡販戦略の一環として企業努力を重ねた賜物もあるが、それ以外にも子ども向けの漫画として、『スポーツマン金太郎』(寺田ヒロオ)、『ちかいの魔球』(原作:福本和也、画:ちばてつや)、『巨人の星』(原作:梶原一騎、画:川崎のぼる)、『侍ジャイアンツ』(原作:梶原一騎、画:井上コオ)といったところが、いずれも主人公を巨人軍の選手に据えて描かれたところなども、こうした人気独占ぶりに拍車をかけた。だいたいが子どものかぶる野球帽はYGマークと決まっていた。というより、そもそも世の中にYGマーク以外の野球帽が売っていなかったのである。全国ネットでのテレビ中継はほぼ例外なく巨人戦が中心。新聞・雑誌がとりあげるのも巨人の情報が中心。プロ野球選手が起用される商品コマーシャルもしかり。

つまり、注目度、人気度という点では「巨人軍とそれ以外」という図式が完全にできあがっており、V10成らずといっても昭和五十年、長嶋は監督としてチームに残っているわけだし、巨人人気の牙城はまだまだ磐石だった。よってジョンソンは日本で最も注目度が高く、最も人目にさらされるチームに入団したがゆえに、同じプレーひとつを取っても、他球団でのそれと違って、良くも悪くもすべてが拡大解釈される運命にあった。しかも球界の盟主を自認する巨人軍が球団史上初めて招いたアメリカ白人選手。(ウォーリー)与那嶺要や(エディ)宮本敏雄らはアメリカ国籍でもハワイ生まれの日系二世。登録名、スコアボードに載る名前は漢字表記。見た目も含めて彼らには日本人としての同胞意識があった。

だが、ジョンソンはそうではなかった。名前のすべてがカタカナ表記。外見も「異人さんに連れられていっちゃった……」に連想される異人さんそのものだった。多くの同質性のなかに混じるひとつの異質性。同じユニフォームを着ているのに何かが違って見える。

例えば、壺井栄『二十四の瞳』の舞台となったような小学校に、ひとりの青い目をした外国人がクラスメイトとして転校して来たと想像してみてほしい。ちんけな例だと笑うことはできない。好奇のまなざし。未知なるものへの畏怖心。昭和の日本人は、一部のエリートを除けば、子どもも大人も青い目をした外国人を見る目に、大して違いはなかったのである。強いて違いがあるとすれば、露骨にそれを隠せずにいるか、見てないふりをして実際は見てるか、そんなところであろう。

なおかつ巨人ファンには、自チームの外国人に対する免疫力がなかった。「外人慣れ」していなかった。バッキーやスペンサーがどれだけ活躍しようと、所詮はよそ様のこと。ましてや巨人戦以外テレビ中継のない時代、今でいう動画レベルで、彼ら外国人プレーヤーの躍動するプレーを拝めることのできた同時代人はほとんど限られていた。

だが、ジョンソンはそうではなかった。

したがってこうした観点から、ジョンソンは、戦後十二球団随一のダントツ人気を誇るチームのユニフォームに袖を通した、毎日試合を全国ネットで中継された、グラウンド上での一挙手一投足は言うに及ばず、プライベートまで新聞・雑誌に克明に伝えられた、「初めて」の外国人選手であったという見方ができるのである。

記憶の選手

何事も最初、一番はじめのものは二番目以降に比べて頭に残りやすい。

ジョンソンが今でも多くの日本の人びとの記憶に留まるのは、直接体験として、日本で最も観客動員数の多い球場のなかでプレーをし、間接体験として、大衆に最も影響力のあるテレビ、ラジオ、新聞、雑誌といったマスメディアに大々的に標的とされた「初めて」のガイジン選手であったという理由から、ある程度の説明はつけられる。

ただし、あくまで「ある程度」であって、それだけではまだ十分とはいえない。「初めて」であっても、印象の度合いによって記憶の濃淡が違ってくるのはよくあることだ。実際、(テレビで見るのはおもしろいが）自分が「初めてのおつかい」をしたときのことを後々まで覚えている人はどれだけいるだろうか。したがって「初めての……」という要素は、落とすことはできないが決定的なものであるとはいえない。

ならば他にどのような事由が考えられるのだろうか。

奇しくもこれは巨人軍および同オーナー企業グループの総帥《ドン》、N恒（通称）氏が語ったと伝えられる「悪名は無名に勝る」の言葉に隠される。当人は、もちろん一般論として述べたのであろうが、人が興味を惹かれ、長きにわたり記憶に留めるのは、良くも悪くも極端でなければならないということをここに言い当てているわけだ。

昭和五十年、巨人軍は球団史上初の最下位に沈んだ。前年優勝を逃したとはいえ、最終結果は首位中日とはゲーム差なしの二位、最後まで優勝争いのデッドヒートを演じている。それが翌年いきなり中抜き急転直下の最下位。

「初めての」最下位。「極端」な下落。この年に両者がピタリと重なり合った。

それだけではない。この「極端」は二重構造だった。そしてそのお互いがお互いに連動していた。共鳴し合うもうひとつの「極端」。それは誰もが「長嶋茂雄」をデーブ・ジョンソンに求めたことである。そもそもこの心理は矛盾を抱えている。

「もう二度とあんな選手出てこないよなあ……」長嶋が引退する際、誰もが長嶋を唯一無二の存在だと認めていたはずだった。唯一無二とは「ただ一つだけで二つとないこと」（広辞苑）。後にも先にも、長嶋茂雄の代わりになる選手はいないと認めていたはずだった。なのに……確かに表立ってそうした声が聞こえたわけではない。

しかしその一方で、「そんなことはない。長嶋は長嶋。ジョンソンはジョンソン」今ふうにいえば「ジョンソンはジョンソンらしく……」そんな声が聞こえてきたためしがない。潜在意識にあったのであろう、それでもみながジョンソンにそれを求めた。暗黙の了解で。そうでなければ「ON砲」のもじりで「OJ砲」という表現は使わなかったはずだ。ぽっかりと開いた穴を、影から形から大きさからジョンソンで埋め合わせようとみんなが躍起になった。長嶋茂雄という名の大きな穴を。巨人軍のサードに開いた穴を。自分の心に開いた穴を。

ジョンソンが課せられた指名は、もともと誰がどれだけがんばったところではじめから結論ありきだった。仮にブーマー、バース並みの成績を残したところで、それでも「声が違う」「年が違う」「夢が違う」「ほくろが違う」などといわれのない難癖をつけられ、去年の男《ひと》と比べられるのがオチとはじめから決まっていたのだ。察するに、このときのジョンソンの心情を芯から理解できる人間は世界でただひとり、長嶋一茂だけであろう。

とはいえ、ジョンソンにはそれほど期待を受けるだけのバックボーンが確かにあった。マイナーリーガーや、峠を過ぎた引退間際の選手ではない。現役バリバリの大リーガーというふれ込み。しかも昭和四十六年日米野球で最強ボルチモア・オリオールズの一員として来日した際、日本野球を子ども扱いして圧倒したという記憶。子どものなかに大人が入るのだから必ずやってくれるはずだ。

野球界に限らず、ビジネスや旅行も含め、今ほど日米間での人の行き来が頻繁ではなかった当時、巷のファンが単純発想でそう考えたとしてもそれを責めることはできない。

で、結果は、打率一割九分七厘、本塁打十三、打点三八、三振七一の一年目。巨大な水飛沫を上げながら流れるナイアガラの滝のような落差。ニューヨーク・ヤンキース一年目の松井秀喜でも不振を極めた一時、オーナーのスタインブレナーから「あんなパワーのないヤツと契約した覚えはない！」と不評を買いながらも最後には打率二割八分七厘、本塁打十六、打点一〇六、三振八六の成績を上げている。ただしこれも、もし松井が違う時代、ベーブ・ルース、ジョー・ディマジオの引退直後にその代わりを務めるというプレッシャーの下、プレーを強いられていたならば、同じ成績で一年目を終えられたかどうかは保障の限りではない。

もちろん、最強を自負するアメリカ野球に挑戦する日本人選手と、ジョンソンのそれとを比較するのは公平ではない。それでも「長嶋茂雄」の代役を求められるプレッシャーがどれだけのものであったかは、これで多少なりとも想像していただけるものと思う。

いずれにせよ、ジョンソンは期待される活躍を見せることはできなかった、期待の「過剰さ」を差し引いても、納得するにはほど遠い結果しか残すことができなかった。それは本人も認める通りである。

長嶋巨人は開幕ダッシュに失敗。O砲も故障を抱え、万全な状態に戻るにはまだまだ時間がかかる。V奪回、巻き返しには救世主がどうしても必要だった。その後の流れは第一章で詳述した通り。

光の国からぼくらのためにやってきたウルトラマンが逆にやられてしまったようなものだ。背任のJ砲。新聞・雑誌が槍玉に挙げた。叩きに叩いた。どこまでやれば相手が痛がるかをわからない、まるで子どもと同じような感覚だった。

この年、セントラルリーグは前年最下位の、というより万年どん尻が定位置だった広島カープが涙の初優勝。こちらも「初めての」と「極端」が同居する結果に長嶋巨人と表裏一体、すべての野球ファンの記憶にセットで刻まれるところとなった。

だが、日本全国に散らばる巨人ファンのお父さんたちにとって、広島市民球団のカープの優勝に貢献した(リッチー・)シェーン、(ゲイル・)ホプキンスの両外国人より、低迷する巨人軍A級戦犯ジョンソンを酒の肴に日々酩酊するほうが多かったであろうことは容易に察せられる。「忘れろたって忘れるかいな、ええ、旦那よお」いまだにそうクダを巻く昭和生まれの八っつぁん、熊さんは、全国津々浦々、決して姿を消したわけではないだろう。

それが野球であり人情なのだ。

日本人の自己懐疑

そのジョンソンが、わたしの眼の前に立っていた。いうまでもなく、長島茂雄監督時代の読売ジャイアンツで二塁を守っていた、あのジョンソンである。日本からの取材がいまでも多いのだろうか、歯をむきだした人なつっこい笑顔で、「どこの新聞？」とわたしに訊いてきた。（ジョージ・プリンプトン『遠くからきた大リーガー　シドフィンチの奇妙な事件』収録「ジョージ・プリンプトンの罠（「訳者あとがき」より）」芝山幹郎訳）

デーブ・ジョンソンが改めて日本で紹介されるとき、たいてい「あの」と付くことが多い。「あのジョンソンが……」というように。こういった場合の「あの」は、一般的に、誰もがそれを知っているという前提を示している。つまり、みなが何かしらの共通認識を有しているということだ。

もちろん「誰もが」「みなが」といっても、ここでのそれはジョンソン来日時を共に人生の一部として過ごした世代に限られる。したがってそうではない世代、後追い世代の人には、これまで本書のなかでつらつら述べてきた事柄から類推してもらうより他にないわけであるが、さて、そこで果たして問題となるのは、こうした書き手、話し手たちの意識的に付ける、もしくは無意識的に付けてしまう「あの」という共通認識の裏には、いったい肯定的な意が含まれているのか、それとも否定的な意が含まれているのか？　そこが問題の争点になる。わが国元総理大臣流にいえば、「ジョンソンは日本で期待に応えたのか応えなかったのか、イエスかノーか。この一点を問いたい」といったところになろうか。

一年目は惨憺たるものであったが、二年目は及第点。最高潮時には「ジョン尊」なる文字を紙面に躍らせもした。日本の野球に慣れ、さらなる活躍を期待された三年目はなく謎の退団。トータル二年で、打率二割四分一厘、本塁打三九、打点一一二、三振一三三。さて、この審判やいかに。と、別にもったいぶって言うこともないのだが、「期待の高さゆえの期待はずれ」ということで判決はズバリ「ギルティ(有罪)」。私たちは断罪した。

しかし、そんなジョンソンが幾多の来日外国人選手と一線を画する男になったのはまさしくここからだった。そして、これこそが「あのジョンソン」という言い回しをこの国で定着させ、多くの日本人がカウンターパンチ、みぞおち深くを抉るボディブロウを打ち込まれたような気分にさせられる大きな要因となるのである。

一九五八年公開の映画に『ジャイアンツ』がある(同名スポーツチームとはまったく関係がない)。エリザベス・テイラー、ロック・ハドソン、ジェームス・ディーンという当時のハリウッドの三大スターが一同に会し話題を集め、ディーンはこの映画出演後に交通事故死したため、結果的にこれが彼の遺作となってしまった作品である。

ジョーダン・ベネディクト(ハドソン)はテキサスの大牧場主。レズリー(テイラー)はその妻。ジェット(ディーン)はベネディクト一家の牧場に出入りする、若くもひねくれた性格の牧童。つまり、ジョーダンとジェットは主従関係にある。レズリーはジェットにある一定の理解を示すが、ジョーダンはジェットを下劣な男として完全に見下している。

ところが、ジェットはあることからベネディクト一家の広大な土地の一部を相続させてもらい、その土地から湧き出た石油で大もうけする。

ベネディクト一家はベネディクト一家で、時代の変化によって行き詰まりを見せる牧場経営から石油採掘事業へと経営転換を図り、一家の没落だけは阻止して暮らし続けるが、ジョーダン個人はジェットのこれ見よがしの成り上がりぶりを面白くないものとして見ている。

物語としてはまだ続くが、もう、おわかりだろう。ジョーダンが現在見るジェットの前に等しく映る過去のジェット。この二重映しなかで出てくる言葉が、「あのジェットが」なのである。

もちろん現実のジョンソン物語はこの『ジャイアンツ』をなぞるものではない。それでもこうした状況になったときに口にされる、文字にされる「あの」には、このジョンソン物語のなかにも通低するところはある。

「まさかあの人が……」という驚き。ここにも記憶の「極端」理論は生きている。肯定的な現在を想像しえなかった否定的な過去。もしくはその逆。良きにつけ悪きにつけ、その落差が大きければ大きいほど、記憶の皺、脳裏に刻まれる溝は深くなる。

失格の烙印を押されたひとりのアメリカ人が帰国を余儀なくされた。彼にはまだその国に留まっていたいという気持ちがあったにも関わらず、それが許されることはなかった。

帰国後、彼は押された烙印が誤ったものであったことを自らの力で証明し、あるとき再びその国民の前で対峙する機会のあったとき、直接的手段を用いて、しかし無言のうちに、その訂正を求めた――

失格の烙印を押したひとりのアメリカ人に帰国を余儀なくさせた。彼にはまだその国に留まっていたいという気持ちがあったにも関わらず、彼にそれを許さなかった。

のちに、彼に押した烙印が誤りであったかもしれないとの情報を彼の帰国先から伝え知り、あるとき再び彼と対峙する機会のあったとき、歓待の意を表して、彼が黙って提訴しないのをいいことに、知らぬ存ぜぬを通した——


一九八六年、ニューヨーク・メッツの監督として再び私たちの前に姿を現すようになったとき、はじめは素直に驚いていればよかった。直接煮え湯を飲まされたのは、ワールドシリーズで戦ったボストン・レッドソックスであり、リーグ優勝決定シリーズで戦ったヒューストン・アストロズであり、レギュラーシーズンで戦った他のナショナルリーグの一〇チームだ。ジョンソンの歓喜は日本人の落胆と表裏の関係ではなかった。

振り返るに、変化を感じだしたのはおそらく一九八五年(テレビ放映)の日本名球界対全米オールスターOBチームとの対決あたりからであろう。だが、この試合はあくまで余興であり、翌八六年の日米野球も親善試合と謳われ、同じく余興の域を出ないところから、無邪気に笑って過ごせた。それでも一九九五年、ポストシーズン・ゲームで野茂が打ち込まれるのを見せられたときには、明らかにみぞおちの奥深くに小さな疼きが生じるのを感じないではいられなかった。

その後、現地から「また勝利しました」「こちらは上手くやっています」との報せが年々届くたびに、疼きはさらに自覚的になる。

二〇〇八年北京オリンピック。日の丸を背負ってのガチンコ対決に、十両選抜で対抗され敗退を喫せられたときには、もう完全に無視できないものになっていた。否応なく認めないわけにはいかなくなった。ソーリー、ミスター・ジョンソン。私たちは完全にあなたを見誤っていました。私たちが下した審判、断罪は誤審でした、と。

もしジョンソンが素行の悪さの目立つ、いわゆる「不良ガイジン」選手であったなら。もしジョンソン自身が、日本の野球や生活にほとほと嫌気がさしたと公言していたのなら。または、アメリカの球団から日本以上に好条件の契約提示を受けていたのなら。

退団がこうした諸々の理由からきたものであれば、その後の同じ経緯を前に、私たちは同じような感慨を覚えただろうが、みぞおちの疼きを感じることはなかっただろう。

みぞおちの疼きとは、すなわち己の行ったことに対する後ろめたさ。良心の呵責。罪の意識。

契約延長を阻んだ反対勢力当事者、失格の烙印を押し、ダメ出しを推し広めた業界関係者、またファンであっても、マスコミ報道と一体になって同調の意を表したのであれば、いささかなりとも世論形成への加担の責は逃れられない。

そうでなくとも、雑誌『月刊ジャイアンツ』に応募、昭和五十一年七月号「あなたがインタビュー」で、当人に直撃インタビューできるという幸運に恵まれた東京都田無市に住む二十歳(当時)の会社員女性をはじめとする、そうした真のジョンソン信奉者たちでさえも、退団に際し一ファンとして何もできなかった無念、あるいは無力さに、自分を責める気持ちがなかったとは決して言い切れない。

のちにチームメイトのエース堀内は、ジョンソンを評し「人格者だった」と語っている。クライド（クレイジー）・ライトがいてくれたおかげで、というのを割り引いたとしても、ジョンソンのグラウンド内外の立ち居振る舞いは「巨人軍は紳士たれ」の訓に決して背くものではなかった。ときに監督の長嶋が「外国人には珍しい、ふさぎ込むタイプで、調子が出ないと迷いが先立ってしまい、こちらも扱いが難しい」とこぼしたのも、そこは《お金目当てのお気軽助っ人》にはなれない責任感の強さの表れだったと解釈するべきだろう。

秘められた言い逃れ

カープにくるまでは、あのデーブ・ジョンソンが日本でプレーするなど考えもしなかった。それ以上に考えられないのが、順応度の早い器用な彼がなぜジャイアンツでさっぱり打てないかだね。最初は開幕してから来日したので、日本の野球に慣れればと思っていたけど……。やはりプレッシャーがそれだけ強すぎるのだろうね。——広島東洋カープ　ゲイル・ホプキンスジョンソンにとって不幸なことは、日本人の多くが野球ファンだという事実に違いない。普段は礼儀正しく控えめな日本人も、こと野球となるとつつましさをかなぐり捨てる。人々はジョンソンの不調に対し失望を隠そうとしない。——ワシントンポスト紙（報知新聞、昭和五十年九月十八日より）

確かに一年目の成績は惨憺たるもので、矢面、非難の渦中に晒されたのはやむをえない。それがプロ、とりわけ高額年棒選手の宿命であり、人気常勝チームの最下位にはどうあってもスケープゴートが必要だった。

しかし、それでもそこに生身の人間をさも家電製品か何かのように見なし、アダプター不要、米国製の優良品だから日本でもコンセントを差しさえすれば即使用ＯＫといった、そんな感覚で私たちはジョンソンのことを見ていなかっただろうか。

二年目の成績はどうだろう。その数字だけを見れば、二〇一三年東北楽天日本一への貢献大とされたアンドリュー・ジョーンズの打率二割四分三厘、本塁打二六、打点九四とそうそう遜色があるとは思えない。「現役バリバリの大リーガー」という触れ込みからすれば少しもの足りないという見方もできなくはないが、そこは慣れの問題であって、現に一年目と二年目を比較してわかる通り、慣れればもっといい成績を残せるだろうぐらいの感覚は本人も周りも観る側も誰もが持っていたはずだ。しかも出場を辞退したものの、オールスターゲームではファン投票一位に選出されるなど人気もウナギのぼりの状態にあった。

ジョンソンが帰国騒ぎを起こした二年目(昭和五十一年)の五月頃、コーチ陣のあいだから「やめさせよう」との声があがった。しかし監督の長嶋はそれを強く抑えた。ジョンソンが手の治療で一時帰国したときも、田園調布のジョンソン宅を亜希子夫人が訪れ、泊り込んでジョンソン夫人をはげますよう気を遣ったという。長嶋はそこまでジョンソンを買っていた。

であるにもかかわらず――

現役選手生活の最後は大リーグで、という気持ちが本人の胸にあったとしてもおかしくない。さりとて巨人球団が本当に熱意をもって引き留めにかかっていたのかどうかも定かでない。どちらも自分にとって不都合な情報を自らは公表しないものだ。とはいえ、巨人からジョンソンに対して、金額はともかく、契約延長の申し出があったのはお互いの言からしても明らかであり、それが不成立に終わったのもまた結果が示す通りである。

お互い後味の悪さばかりが心に残り、それこそジョンソンの側からしてみれば、表向き「今後の貴殿の益々のご活躍を祈念いたします」と言われたところで、受け取りが不採用通知とあらば、そこにどれだけ忸怩たる思いがあったかは想像に余りある。

不完全燃焼。「さあ、これからだ」と期待された真の本領発揮する機会は奪われた。それは、オールスターゲームに投票した数多くのファンにとっても同じ思いであっただろう。

いや、こうした背景があったからこそ、「益々のご活躍を祈念」したジョンソンのその通りの

「ご活躍」を知れば知るほど、私たちのなかに眠っていた無意識の疑いが頭をもたげてくる。

私たちには見る目がなかったのではないか……もしかして私たちの審判は拙速だったのではないか……もしかして……いや、はっきりと「誤り」だったのではないか……。

「もしかして……」

こうした自己懐疑、自責の念は、ジョンソンのニュースが海を渡って入ってくる毎に強められる。反論証拠を次々と突きつけられるかのように、犯した誤りからの「逃げ」を、ジョンソンから無言のうちに告発されていると感じてしまうからだ。

したがって、ジョンソンが日本のファンに向かってメッセージを発するその笑顔に屈託がなければないほど、私たちは心の奥底に潜むもうひとつの顔が赤らむのを感じる。ジョンソン本人にその気はなくとも、野球人として置かれた立場で最善を尽くしているだけであったとしても、私たちはやましさ、後ろめたさ、いたたまれなさを覚えてしまう。ちょっとした罪の意識に苛まれてしまう。日米親善野球でジャブを打たれ、日々更新される大リーグ情報でボディブロウを入れられ、北京オリンピックではついに必殺のカウンターパンチを顔面に受け。

そう、私たちは「見返された」のだ。ドラマで半沢直樹に共感しても、現実のデーブ・ジョンソン物語のなかでは、程度の違いこそあれ、私たちは誰もが岸川慎吾であり、大和田暁であり、中野渡謙である役柄から逃げられない立場にあるのだ。だからこそ「あのジョンソン……」なのである。

この言い回しの裏には、人間心理のあやが秘められる。何よりも「あの」で潜在的な共通認識を強調して、「ぼくだけじゃない。あなただってそう思ってたでしょ」と責任の所在を曖昧にしつつ、追及を逃れられないまでもせめてその矛先を拡散させたい、これは日本時代のジョンソンを記憶する世代の書き手、話し手たちのほとんど自己弁護、良くいえば照れ隠し、悪くいえば言い逃れ、の所業以外何ものでもないのである。

郷に入っては郷に従え?

スピードが違う。パワーが違う。スタミナが違う。ボールが違う。伸びが違う。変化が違う。タイミングが違う。配球が違う。グラウンドが違う。練習が違う。調整が違う。スケジュールが違う。移動が違う。待遇が違う。言葉が違う。食事が違う。考え方が違う。文化が違う。あれが違う。これが違う。

だから大変だ。だから苦労する。だから時間がかかる。だからああなる。だからこうなる。打てないわけ。守れないわけ。抑えられないわけ。勝てないわけ。わけ。わけ。わけ。少しでも調子の出ない日本人大リーガーがいると私たちは喧しいほどにその原因を探すのに躍起になる。

ボストン・レッドソックス時代の松坂大輔は不調時、再三監督、コーチに、日本式の自己調整方法実施取り入れの許可を求めた。自分は日本でこのやり方で上手くやっていたのだから、それをこちらでもやらせてくれ。大丈夫。自分にはそのほうがあってるんだ。

巨人時代のジョンソンは不調時、再三監督、コーチに、アメリカ式の自己調整方法実施取り入れの許可を求めた。自分はアメリカでこのやり方で上手くいっていたのだから、それをこちらでもやらせてくれ。ダイジョーブ。自分にはそのほうがあってるんだ。

日本の新聞、雑誌は広く報じた。ジョンソンは監督・コーチの言うことを聞こうとしない。大リーガーのプライドが邪魔をしている――

語り継ぐべきもの

日本では何かと分の悪かったジョンソンであったが、ただひとつだけ、これだけは誰にも文句をつけられなかった、いや、それどころか「さすが大リーガー」の誉れ高き最大級の評価を受け続けていた技能がある。

それが守備力。

とかく打撃成績ばかりに目が向けられがちな外国人選手であるが、いつの時代どの監督も「野球は守りから」を公言してはばからないように、チーム守備力のあるなしは勝敗を大きく左右する。ジョンソンの守りは、主にサードを守った一年目すでにその力量を認められていたが、アメリカで守り慣れたセカンドへとまわった二年目には、そのレベルの高さをさらに同僚やファンに再認識させた。

打球を追うときの俊敏な動きと素早い足運び。捕ってから投げるまでの軽快なグラブさばきと流れるようなスローイング。蓮實重彦いわく「思えば、ジョンソンが読売巨人軍でプレーした二年間は、わが生涯でもっとも幸福な一時期であった。生まれて始めて、ベースボールの美しさに目覚めたのである」(『草野進編・プロ野球批評宣言』新潮文庫)。

大きな背中を猫背気味に丸めて、というよりも、大きな猫が二本足でプレーをしているような、といったほうがふさわしい華麗で軽やかな守備力の高さは今に十分語り継がれているとは言い難い。とりわけ二年目の昭和五十一年は、後楽園球場の天然芝が人工芝へと貼り替えられたこともあって、野球界は新しい人工芝野球への対応が叫ばれていた。人工芝は転がる打球を加速させる。そのため左右に飛んでくる球足の速い打球に追いつける長いリーチ、そして素早く送球動作に移れるやわらかい足腰を持ったジョンソンの守りは、地味で小柄な従来までの職人肌的二塁手のプレーとは違っ

報知新聞

堀内

さすが名人技です

もう一人の殊勲者 守りのジョンソン

報知新聞、1976年10月11日、後楽園球場、阪神戦(王貞治本塁打715号達成試合)2回1死一・二塁、池辺のセンター前へ落ちようとする飛球を背走して逆シングルで好捕(写真)。7回2死二塁には、横っ飛び一塁・王のグラブのわずか先を抜けた代打・片岡の打球をライト線近くまで走り追いつき、グラブの先にひっかけ、倒れたまま一塁ベース・カバーに入った堀内に好送球してアウト。試合後長嶋は、2回のプレーに「ゲームの《腰》がまだ座っていないときだったので、阪神の攻撃の意欲を極端に低下させた」、7回のプレーには「疲れの見え始めた堀内を背後から支えた」、「ゲームのハイライトはジョンソンの2つのファインプレーだ」と、ペナントレースの雌雄を賭けた大事なこの一戦の勝利にジョンソンを絶讃。

た、ひときわ眩しい輝きを放った。

長嶋はジョンソンのこの守備力を評して「二けたぶんの勝利だ」と語り、エースの堀内も「バットなしでいい。グラブを持って二塁にいるだけで助かる」とジョンソンへの讃辞を惜しまなかった。高田は言った。「併殺場面の三塁ゴロは捕ったら二塁ベースあたりに投げれば悪送球でもOK。デービーが簡単に一塁に転送してゲッツー成立。新人三塁手のぼくまでうまく見せてくれる」

ある試合の一死一塁の場面。サードの高田は自分のところに飛んできたゴロを「二塁に送ったら間に合わないかもしれない」と一塁へ送球した。するとあとからジョンソンが高田に近づき「なぜ二塁に投げない？」「二塁へ送れ。ユーが間に合わないと思っても大丈夫さ。ボクの動きは速い。上手くいけばダブルプレー。もし二塁で殺せなくてもボクが転送して一塁は確実にアウトにする」

高田はサード初挑戦のこの年、ゴールデングラブ賞を獲得した。もちろんセカンド部門でジョンソンも同賞を受賞したのは言うまでもない。あるときジョンソンの守りがチームの最大のピンチを救い、流れを相手に渡さなかった巨人がその試合に勝利した。長嶋は試合後に記者団にそのジョンソンのプレーにコメントを求められこう答えた。

「守りだけでもどれだけ助かるか」

だが、これを人づてに聞いたジョンソンはこうコメントして長嶋を苦笑いさせたという。

「ボクは守備要員じゃない。監督はそう考えているのか」

おわりに

Standing on the shoulders of giants
（もし私がほかの人よりも遠くを見ていたとしたら）それは巨人の肩の上に立っていたからだ。

これは万有引力の法則を発見したアイザック・ニュートンが一六七六年二月、同僚のロバート・フィックに宛てた手紙のなかに記した一節である。なぜ高校時代、物理の成績が２（５段評価）だった筆者が、このような人類史上でも最も偉大な人物のひとりとして数えられる科学者の金言を知りえたかといえば、それは単に英国のロックバンド、オアシスが、二〇〇〇年発表のアルバムタイトルにこの言葉を引用して（ただしオアシスは shoulders 複数を shoulder 単数にしている）つけたのを見てという極めて俗な理由に過ぎないが、それはそれとして、大事なことはいかにしてそれを知ったかではなく、この言葉の伝える意である。

ここ十数年のあいだ、日本のプロ野球では昔懐かしのオールドユニフォームを着て試合をしたり、ＯＢを招いてセレモニーを行ったり始球式を行ったりと、もとはアメリカ大リーグが一九九〇年初頭からはじめた懐古主義的演出であるが、そうした試合の企画を数多く見るようになった。言うまでもない。この企画の演出意図はこのアイザック・ニュートンの言葉の伝えるところそのものである。

新しい発想、新しい発見があったとしても、それは突発的に、自分の力だけで生まれてきたのでなく、先人たちの業績があったからこそ生れてきたものだという考え。偉大なる先人に対する敬意。ここでいう「巨人」がそうした先人を指していることは言うまでもない。

そこで、デーブ・ジョンソンである。

振り返るに、私たちは第一期長嶋政権時代初優勝の立役者のひとりとしてジョンソンを拍手で包み迎えたことがあっただろうか。

何を言っている。昭和六十一年秋の日米野球で来日した際、私たちは快い拍手でもって温かく迎え入れたではないか。

しかし、それは相手チームの監督として、ビジネスで呼んだのであって、当人に歓待の意を伝えるのを第一義として招聘したわけではない。

東京ジャイアンツはこれまで何度か復刻ユニフォームでの試合を開催している。だが、昭和五十年代初期のあのシャープなロゴがデザインされた復刻版が登場したことはない。その理由のひとつとして、球団史上初の、そして平成二十八年時点で過去唯一の最下位に終わった苦渋を甦らせるから、との想像はできる。

しかし似たようなところで埼玉西武ライオンズは、暗黒低迷のイメージしかない太平洋クラブ・ライオンズのユニフォームを二〇一〇年に復刻させ、その時代を耐え抜いた先輩がいたからこそ今の自分たちがあると、真摯に過去と対峙した前例を打ち立てている。ましてや巨人は翌年最下位から即優勝、そして翌々年もリーグ二連覇へと一気に駆け上ったのだから、このユニフォームには強い反発力が宿っているといった解釈も可能ではないか。

よって想いを馳せるは、昭和五十年シーズン復刻ユニフォームを着たデーブ・ジョンソンが、始球式のボールを手にゆっくりと東京ドームのマウンドに立つ姿。

禊《みそぎ》とまでは言うまい。しかしここは立ち上がらなければならない。私たちは立ち上がって両手が腫れ上がるほどの強く激しい拍手を叩き続けなければならない。必ずしも声を上げる必要はない。大事なのは手を叩くこと。ただひたすら拍手を送ること。それだけだ。言葉はなくとも通じるものはある。過去幾度もスタンディングオベーションを受けた経験のあるジョンソンとて、日本の、東京の球場で受けるそれには特別な感慨を覚えるに違いない。そしてこのときこそが、当時を共に生きたデーブ・ジョンソン目撃世代のみぞおちにある疼きに晴れ間が差す瞬間なのである。

とはいえ、今や後期高齢者と呼ばれる年代に入っている御大に太平洋横断飛行を求めるのは体力的にあまりに酷、老体に鞭打つ行為といえなくもない。というよりも、それ以前に、本人の意向というものがあろう。ユニフォームを脱いだとはいえワシントンン・ナショナルズの球団関係者としての仕事の都合というものもあろう。

もはや実現は遅きに逸したか。となると、言うは結局またこのせりふか。

「ああ！　ダメか、ジョンソン」

最後に、本書のなかで幾度も《私たち》《私たち日本人》という言い回しを使ってきた。いかにも筆者自身がみなの総意を代表しているかのようなもの言いだが、これに対し「一緒にするな」「お前が勝手にそう思っているだけで日本人のみんながみんな同じ考えをしているわけではないぞ」との意見があったとしてもおかしくない。もっともである。その点については「人それぞれ」ということでご寛容に願いたい。いや、それ以上に恐れるべきは、実はそう思っているのが実は筆者しかいなかったという場合だ。想像するだに恐ろしい。ただ少なくとも彩流社第二編集部長の河野和憲氏に限ってはこの《私たち》のひとり、筆者の考えに賛同してくれたものと信じる。でなければこの出版不況のなか、売り上げ予測を睨みながらこのようなかたちで本書を全国（ではないかもしれないが）各地の書店の棚に並べてもらえるよう断を下してくれたはずがないではないか。

改めて感謝します。

田窪潔

二〇一六年八月

【著者】
田窪潔
…たくぼ・きよし…

ハックライター。ハローワーカー。1965年生まれ。立教大学社会学部卒業。精密機器メーカー、クラシック系音楽事務所、編集プロダクションと勤務。2008年同プロダクション在籍中、虚血性心疾患を患い入院。一命を取り留めるも健康状態を不安視され退院後にファイアード。現在フリーランスとして活動中。日本図書館協会推薦図書に認定された前著『アメリカ文学と大リーグ　作家たちが愛したベースボール』(彩流社)は一部マニアのあいだで圧倒的支持を得る。アメリカ野球文化好事家。埼玉西武ライオンズファンクラブ会員。

フィギュール彩 70
デーブ・ジョンソンをおぼえてますか？
二〇一六年九月十五日　初版第一刷
著者――田窪潔
発行者――竹内淳夫
発行所――株式会社 彩流社
〒102-0071
東京都千代田区富士見2-2-2
電話：03-3234-5931
ファックス：03-3234-5932
E-mail：sairyusha@sairyusha.co.jp
印刷――明和印刷(株)
製本――(株)村上製本所
装丁――仁川範子

ISBN978-4-7791-7075-1 C0375
http://www.sairyusha.co.jp